· 新经济时代的会计入门

如何做好

酒店会计

图解教学——一目了然
图文并茂——直观易学

刘继艳 著

不再纠缠于会计科目的错综复杂
直接面向业务流程的来龙去脉

经济管理出版社
ECONOMY & MANAGEMENT PUBLISHING HOUSE

图书在版编目（CIP）数据

如何做好酒店会计/刘继艳著. —北京：经济管理出版社，2015.12
ISBN 978-7-5096-4000-5

Ⅰ.①如… Ⅱ.①刘… Ⅲ.①饭店—财务会计 Ⅳ.①F719.2

中国版本图书馆 CIP 数据核字（2015）第 251570 号

组稿编辑：勇　生
责任编辑：勇　生　丁慧敏
责任印制：黄章平
责任校对：雨　千

出版发行：经济管理出版社
　　　　　（北京市海淀区北蜂窝 8 号中雅大厦 A 座 11 层　　100038）
网　　址：www. e-mp. com. cn
电　　话：（010）51915602
印　　刷：北京晨旭印刷厂
经　　销：新华书店
开　　本：720mm×1000mm/16
印　　张：12
字　　数：183 千字
版　　次：2016 年 1 月第 1 版　　2016 年 1 月第 1 次印刷
书　　号：ISBN 978-7-5096-4000-5
定　　价：38.00 元

前　言

改革开放的发展，人民生活水平的提高，将会推动我国第三行业的迅猛发展，尤其是旅游服务业。作为旅游服务业支柱之一的酒店业也随之得到迅速发展，中国的酒店行业空前繁荣，但是竞争的加剧，使得酒店行业面临巨大挑战。在这种情形下，酒店行业就应该加强自身的管理，然而财务管理是酒店管理的重中之重。

酒店会计管理包含的内容比较广，既有有形的产品，又有无形的产品——服务，因为服务质量的优与劣，会直接影响酒店的声誉与品牌形象，为提升酒店人气，管理尤为重要，而其管理难度也增大了。酒店更多依赖无形资源实现价值，酒店作为服务性行业，盈利主要来源于无形的服务。

因此，酒店会计是非常重要的岗位，是酒店做好经营管理的重要环节。会计的工作职能不仅为酒店发展提供信息、依据，还要为酒店节约资金和费用，防止企业资源的无谓流失。

所以，酒店的管理人员必须对财务知识有所了解，才能胜任酒店的管理职能。本书的编写就是为了满足酒店会计人员和准备从事酒店会计工作的人员的需求，帮助他们了解酒店会计实务，掌握酒店日常账务处理。

全书共十章，分为三部分。第一部分主要是第一章，为酒店的概述。第二部分主要是第二章到第九章，系统地介绍了酒店各方面的会计知识。例如，第二章到第四章介绍了酒店餐饮、客房、商场、娱乐、洗浴等部门的会计核算；第五章、第六章讲述酒店资产、负债和所有者权益的核算；第七章到第九章介绍酒店财务预算、财务管理和财务报告等各方面的内容。第三部分为第十章及附录，介绍了酒店的会计机构和会计人员应承担的法律责任。

　　该书形式简洁，章节内容简单明了，可以使读者一目了然；语言浅显易懂，对于可操作性比较强的内容运用案例进行说明或运用表格、图画等形式，让读者有具体的了解，更加突出会计的实用性。

　　本书结合酒店行业的管理特色和需要，结构简单，内容独特，从酒店的财务基点出发，讲述会计实务，在会计所涉及知识讲解上通俗易懂，易于操作，附有的案例一目了然，有助于提高读者的分析能力和实际运用能力。

　　人们挂在嘴边的一句话就是：不可以死读书，也不能读死书。写这本书的目的是指导酒店会计处理在实际工作中遇到的问题，并根据实际情况做出相应的反应，才能获得意料之外的裨益。

　　在该书编写过程中，借鉴了很多会计方面的内容和案例，收集了大量的文献内容作为参考，在此对编者和其他书籍的作者表示由衷的谢意。由于编写的时间比较仓促，可能存在一些缺点和疏漏，希望各位读者能够为该书提供宝贵的意见和建议，以便于进一步完善内容。

目　录

第一章 酒店概述与酒店会计

第一节 酒店业的产生与发展

本节关键词：

酒店业的发展、现状和前景

本节内容提要：

（1）了解国内酒店业的产生和发展。

（2）了解国外酒店业的产生和发展。

（3）了解我国酒店业的现在和未来前景。

酒店食宿设施产生于人类旅行活动，并随着时间而不断发展完善，形成如今颇具规模的酒店业。酒店业的产生和发展在国内和国外有着不一样的历程。

一、酒店业在中国的产生和发展

在中国，酒店的出现最早可以追溯到殷商时期，那个时候的酒店被称作驿站和逆旅，驿站主要供官吏、衙门信使等公职人员吃饭、住宿；而逆旅则面向普通民众，为他们提供食宿等最基本的服务，更为接近现代酒店的含义。

到了唐代，随着国内经济的发展、对外贸易的扩大、人口的增长，酒店行业也进入了快速发展阶段。当时在首都等大城市，还有专门供外宾食宿的"四方馆"。其后的几个朝代，一些沿海城市也相继出现了专门接待国外客商的酒店。

著名的旅行家马可·波罗在他的游记中曾写道："有许多美丽的客栈，给商民居住。"

古代相对豪华的酒店多是政府产业，并不向民众开放。来往的商客、旅途中的游人、进京赶考的士子所住的是由个人开办的客栈。受到当时交通工具的限制，客栈多建在路边、车道或驿站附近。这个时期的客栈设施简陋，仅提供食宿，住宿者甚至要和其他陌生旅客挤在一起睡觉，毫无安全性可言。这个行业在当时社会地位低下，行业从事人员多是迫于生计，所以并没有良好的服务质量。

鸦片战争之后，随着国外资本涌入，我国沿海大、中城市相继出现许多正规、多元化的大型豪华酒店，不过这些酒店只为国外客商和达官贵人服务。1927年后，北京、上海等大城市兴办了一批用来接待中外旅游者的招待所，除了提供食宿服务外，还有浴室、理发室、游艺室等附属设施设置。

1956年后，受当时政治、国情因素的影响，酒店的服务对象、地位、性质都发生了根本改变。原有老店得到改造的同时，也新建起一批宾馆、酒店，这些酒店一般建在省会城市及风景区附近，主要承担接待外宾的任务。

1978年以后，伴随着改革开放，旅游业得到进一步发展，酒店业也步入一个新的时期。这一期间的酒店，无论是服务质量、经营方式还是硬件设备，都有很大改善。而最为重要的是，从这时起，我国的酒店已经开始走上自负盈亏的企业化道路。

二、酒店业在国外的产生和发展

在国外，酒店最早大约出现在古希腊和罗马时期，与中国古代客栈一样，规模小、价格低廉、设施简陋，仅提供食宿等基本服务。

18世纪后期，工业革命使欧洲经济得到空前发展，蒸汽机的出现使酒店的位置发生了变化。而火车、轮船的兴起，使得出行更加方便，贵族及上层人物迫切希望有正规、豪华的酒店出现。

19 世纪，受欧洲贵族奢侈生活方式的影响，一批专门服务王室贵族、资产阶层的豪华饭店相继出现。这些饭店除了具有前面提到的特点外，更加豪华气派，并增加了接待仪式、讲究规格礼仪等特点。如 1829 年波士顿建成的特里蒙特饭店，规模大、设备齐全、服务优异、安全性高，成为整个饭店行业的标准。

20 世纪初，一些高档的酒店客房出现了独立浴室。20 世纪 20 年代，汽车饭店在美国各地兴起，但随后的经济大萧条使旅游业陷入危机，饭店业受到波及，大半倒闭。

20 世纪 40 年代，出现了一种新的经营模式——酒店连锁经营。这时的酒店加入了科技元素，如互联网和新型装饰材料的使用，而且服务更为人性化、经营更为专业化。

三、中国酒店业的现状和未来前景

如今，我国酒店业已经成了人们生活中必不可少的一部分，它在方便旅客的同时，也为社会创造了大量财富。根据 2012 年的调查，我国餐饮住宿企业近 330 万家，整体营业收入超过 2 万亿元人民币，占同年 GDP 的 5%左右。

近年来，我国酒店业政策、经济环境整体良好，国内流动人口及商务活动不断增加，酒店市场需求旺盛，已经成为促进第三产业、拉动内需的重要增长点。而且我国目前已经成为世界第三大入境旅游接待国，伴随未来全球一体化的发展趋势，酒店业将在很长一段时间内拥有良好的发展空间。

第二节　酒店的概念、类别与等级

本节关键词：

酒店的概念、酒店的类别、酒店的等级

本节内容提要：

（1）了解酒店的概念。

（2）了解酒店通过各种性质划分出的类别。

（3）了解酒店的等级划分。

为了使读者对酒店行业有更为深刻的了解，下面将会对酒店的概念、类别与等级 3 个方面做更为详细的叙述说明。

一、酒店的概念

酒店（Hotel）一词起源于法语，最初的定义是贵族在乡间用来招待宾客的别墅，随后欧美国家沿用了这一称谓，将所有商业性的住宿设施统称为酒店。中国从古至今对住宿设施的称谓很多，如"逆旅"、"驿站"、"客栈"、"酒楼"、"旅馆"、"宾馆"、"大厦"、"饭店"、"会所"等。

国外几本权威的词典对酒店一词有如下解释：① 酒店是装备好的公共住宿设施，它一般提供膳食、酒类与饮料以及其他的服务（《美利坚百科全书》）；②酒店是在商业性的基础上向公众提供住宿，也提供膳食的建筑物（《大不列颠百科全书》）；③酒店是提供住宿、膳食等而收取费用的住所（《牛津插图英语词典》）。

由此可知，作为一家酒店，应该具备以下几点：①它具有接待旅客的场所和相应设施；②它的服务对象是公共；③它提供住宿、餐饮、娱乐等相关服务；④它以盈利为目的，要求获得合理利润。

总结来说，酒店就是接待旅客的场所及设施，面向大众以盈利为目的提供住宿、餐饮、娱乐等相关服务的且被政府认可的一种经济组织。

二、酒店的类别

时至今日，酒店的定义更为复杂，人们对酒店的要求早已不再停留在最初的住宿、餐饮等基础服务之上。一家具有国际水准的酒店，不仅要满足客人住宿的舒适性，还要有能够提供各式特色美食的餐厅。除此之外，还要满足现在商业发展的需求，提供会议厅、会议设备和相关通信系统等。在娱乐生活方面，游泳池、健身房、礼品部、商业部以及综合服务部同样必不可少。鉴于酒店的复杂性质，我们对酒店按照经营、地域、规模进行了不同划分。

首先按照酒店的经营性质划分，大体有 6 种：

（1）经济连锁型酒店。由于该类型酒店具有服务方便快捷、干净卫生等特点，特别适合如今快节奏的生活，尤其是低廉的价格，更使其成为如今众多普通民众的首选。而连锁模式则建立了品牌效应，获得了大众的普遍认可。

（2）商务型酒店。它主要接待从事商务活动的客人，这类酒店对地理位置要求较高，需靠近城区或商业中心。商务型酒店的设备齐全、服务较为完善。

（3）会议型酒店。它以接待会议旅客为主，除饮食娱乐外最具代表性的是提供接送站、录像摄影、资料打印、旅游等服务。在设施上要求有大小会议室、同声传译设备、投影仪和其他功能齐全的娱乐设施。

（4）度假观光型酒店。它以接待休假观光的客人为主，多兴建在海滨、温泉、风景区附近。它要求有完善的公共服务设施，以满足游客娱乐、休息、观光、购物等综合需要，旨在为客人提供丰富多彩的精神、物质享受。

（5）长住型酒店。该酒店多采用家庭式结构，以套房为主，大房间可供多人使用，而小房间仅供单人使用，为租客提供较长时间的食宿服务。该类酒店多作为办公地点，位于商业活动中心。它既提供一般酒店服务，又提供一般家庭服务。

（6）公寓式酒店。最早于1994年出现在欧洲，意为"酒店式的服务，公寓式的管理"，是当时旅游区内租给游客供其临时休息的场所，并且由专门的公司进行统一上门管理。它既有酒店的性质同时又相当于个人的临时住宅，这些物业便是公寓式酒店的雏形。经过多年的发展，如今酒店式公寓已经成为集住宅、酒店、会所等多功能于一体的综合性设施。

其次按照酒店的地理位置划分：①公路性；②机场；③城市中心；④风景区。

最后按照酒店客房数量和规模划分：①超大型酒店（2000 间客房以上）；②大型酒店（1000 间客房以上）；③中大型酒店（500~1000 间客房）；④中型酒店（200~500 间客房）；⑤中小型酒店、小型酒店（50~200 间客房）。

三、酒店的等级

酒店根据建筑、设施、卫生、服务质量、管理水平等标准被划分为五个等级，我们通常用星级来表示，星级越高代表酒店的档次越高。

一般来讲，一星级酒店属于经济型，其设施和服务能满足普通顾客的基本需求；二星级酒店属于中低档酒店，略好于一星级酒店；三星级酒店为中高档酒店，已经具备较高的服务水准及服务质量；四星级酒店则以其齐全的设置和优秀的服务满足大多数有较高地位的上层顾客需求；五星级酒店属于豪华级酒店，具备个性化、多元化的综合服务，而其高昂的价格也让绝大多数人望尘莫及。

第三节　酒店的会计核算概述

本节关键词：

酒店会计核算、会计核算的内容

本节内容提要：

（1）了解酒店核算的总体内容。

（2）了解酒店会计核算的经营内容。

（3）了解酒店会计与其他行业会计的不同点。

酒店是综合性的服务行业，它不仅向顾客提供住宿、饮食等服务，还有娱乐、观光、会议、商品销售等多元化业务，所以酒店会计核算工作也更为复杂。

一、酒店会计核算的总体内容

酒店会计的核算内容与其他行业会计核算内容大体一致，有以下6个方面：

（1）酒店资产：指企业过去的交易或者事项形成的、由企业拥有或者控制的、预期会给企业带来经济利益的资源，如固定资产、应收账款、货币资金等。

（2）酒店负债：指酒店过去的交易或者事项形成的、预期会导致经济利益流出酒店的现时义务，即酒店承担的能以货币计量、需要以资产或劳务偿还的债务。

（3）酒店所有者权益：是酒店投资人对企业净资产的所有权，指酒店资产扣除负债后由所有者享有的剩余权益，也称股东权益，包括实收资本、资本公积、未分配利润等。

（4）酒店收入：指酒店日常活动中形成的、会导致所有者权益增加的、与所有者投入资本无关的经济利益的总流入。由于酒店经营内容复杂，包含项目众多，所以在计算收入时要从多方面综合计算，如餐饮收入、客房收入、洗浴收入等。

（5）酒店利润：指酒店在一定会计期间的经营成果，即收入与费用配比、相抵后的差额。

（6）酒店费用：指酒店在日常活动中发生的、会导致所有者权益减少的、向所有者分配利润无关的经济利益的总流出。其中主要包括电费、燃料费、酒店的装修和绿化、工作人员的薪酬和服装费等。

二、酒店会计核算的经营内容

酒店会计核算按照经营区域进行划分，主要包括以下 4 个方面：

（1）客房经营成果核算。客房收入主要包含房费收入、MINI 吧收入（客房内商品收入）、服务费收入（按房费率加收的费用）和其他收入（收费电影、鲜花、水果等杂项收入）。

（2）餐饮经营成果核算。餐饮收入主要包含食品收入，酒水、香烟、饮料收入，服务费收入，场租收入，其他收入等。餐饮收入应按照每个餐厅、宴会、酒吧区域来确认。

（3）康乐经营成果核算。康乐收入主要包含长租收入、商品收入、食品收入、服务费收入和其他收入等。康乐收入应按照每个经营项目（如 KTV、SPA、棋牌、足浴、游泳池等）来确认。

（4）商场经营成果核算。酒店下设商场，分为自行经营或租赁他人经营，收入主要来自商品的销售。

三、酒店会计核算与其他行业的不同点

由于酒店的经营方式较为特殊，会计核算与其他行业相比有许多不同之处，主要体现在以下 4 个方面：

（1）采用多种会计核算方法。酒店企业不单以服务为主，还具有生产和销售两种职能。所以在会计核算时，就要根据业务自身特点，采用不同的会计核算方法。如餐饮业务，在烹制加工菜肴和食品时，具有工业企业性质；将菜肴和食品供应给消费者，具有商品流通企业的性质；在为消费者提供设施、场所及服务时，又具有服务业的性质。所以在核算各种业务时，要灵活运用各种会计核算方法。

（2）现金流动性强。酒店日常收入通常以现金结算，而现金又是酒店流动性最强的资产，所以与现金有关的相关制度的建立、会计、稽查等岗位的设置十分重要。大量的现金交易包括餐饮、住宿、娱乐、商品销售等多个品种，与其他行业相比，多设置了日审和夜审人员。随着科技的发展，银行卡、信用卡等非货币形式也在逐渐普及，因此酒店企业的会计部门应采取相应的核算方法和管理制度。

（3）固定资产独特性。在酒店总资产中，固定资产所占比例很大，有的甚至超过80%，种类繁多，如车辆、家具、电器等，这些都不利于酒店定期的资产盘点。若酒店不做定期盘点，则可能使账面虚增资产，影响当期利润的核算。同时，为保证酒店设施的可使用，每隔一段时间都要进行更新改造，维修成本较高，所以要区分支出和收益进行不同的账务处理。

（4）货币涉外性。随着1978年改革开放政策的实施，很多酒店涉及外币收入。在进行核实时，要根据外汇条例和外汇管理办法，办理相关业务，计算汇兑损益。

四、酒店会计的记账方式

酒店会计在记账方式上，主要采用两种方式：

（1）复式记账法：指对每一笔经济业务，都要在两个或两个以上相互联系的账户中分别进行记录。其优点是能够系统地反映资金运动变化结果，使各项经济业务脉络更为清晰，而且可以通过对各项经济业务进行试算平衡来达到检查账户记录的正确性。

（2）借贷记账法：指以"借"、"贷"作为记账符号的一种复式记账方法。该记账法于20世纪初传入我国，目前是我国法定的记账方法。它以"借"、"贷"两字作为纯粹的记账符号，用以标明记账方向。

第二章 酒店的餐饮与客房部会计核算

第一节 酒店餐饮管理与核算概述

本节关键词:

餐厅、管理、服务、机构、核算内容

本节内容提要:

(1) 了解酒店餐厅的种类划分。

(2) 了解酒店餐厅的各种服务方式。

(3) 了解餐饮部管理的相关内容。

(4) 了解餐饮部的组织结构。

(5) 了解餐饮部的收入管理。

(6) 了解餐饮部的核算内容。

随着经济的发展和人民生活水平的提高,对于饮食的要求也随之提高,酒店餐饮部收入所占总收入的比例在逐年增加,餐饮部在酒店结构中也越来越重要。

一、酒店餐厅的分类

（1）主餐厅：采用点菜单或宴席单提供桌式服务，其特点是菜品、酒水齐全，装饰布置最能代表酒店的水准。

（2）风味餐厅：供应特色菜肴，突出某一菜系。

（3）咖啡厅：装饰简单明快，供应较经济实惠的菜肴糕点等；除提供咖啡外，也供应酒水和其他饮料，个别咖啡厅也会提供自助餐。

（4）宴会厅：装修豪华精致，更为侧重服务质量。

（5）KTV 餐厅：类似 KTV 包厢，属于侧重娱乐性质的餐厅。

（6）歌舞餐厅：分自娱性和表演性两种，均在餐厅中设置舞台或表演台。

（7）多功能餐厅：面积大，设施齐全，可举办会议、酒会、宴会、展览、文艺演出等，是具有综合用途的餐厅。

二、餐厅的服务方式

为了适应不同地区、不同民俗，酒店在用餐服务方式上采用不同的服务，大体分 3 类：

（1）中餐式服务，分共餐式和分餐式。

（2）西餐式服务，分法式、美式、俄式、英式、欧陆式服务等，各种服务方式各有其侧重点，应该根据顾客需求及实际需要灵活选择。

（3）除此之外，还有日韩式等服务。

三、餐饮管理的主要内容

餐饮部作为酒店不可或缺的重要组成部分，直接影响到整个酒店的利益和声誉。餐饮部的主要目标是为顾客提供优良的用餐环境和可口的菜点酒水，而在餐饮管理上，大体有以下内容：

1. 制定合理菜单

通过对目标市场宾客消费特点的研究，掌握其饮食要求和用餐习惯，以此为基础制定出能够满足大多数宾客要求的菜单，并以此为依据来确定餐厅的内容、特色、规格及相关设备的选购。

2. 开发特色产品

面对如今竞争激烈的餐饮市场，如何才能脱颖而出，最重要的就是必须要有特色。如今酒店的风味餐厅和主题餐厅已经成了吸引顾客的重要手段之一，所以酒店应当在继承优良传统的同时，积极研发新产品、新项目，做到独树一帜，从而形成自己的经营特色。

3. 提高食品及服务质量

产品及服务的质量是酒店餐饮部的重中之重，是决定其成败的关键所在，所以餐饮部应当制定严格的规章制度及检查制度。仓库方面，要确保采购、验收、储藏、发放的原材料不存在质量问题；厨房方面，要对原材料做好进一步的检查工作，并督促厨师严格按照菜谱要求烹制，努力改进烹调技术，使质量不断提高；在用餐环境方面，要不断改善细节，提高顾客的用餐环境。

4. 控制餐饮成本

要想增加酒店的盈利，控制餐饮成本是十分有效的方法，同时也是必要措施。作为餐饮服务管理的重要内容，控制餐饮成本主要包括控制原材料采购价格；确定合理的销售价格；严格按照原材料的储存方法，避免损耗浪费；做好原材料加工的监管工作，控制原料加工过程的损耗率等。

四、餐饮部组织结构

由于各酒店的规模、经营特色存在差异，餐饮部组织结构也不尽相同。一般而言，餐饮部主要包括厨房、餐厅、宴会厅、管事部等几个部门。而餐饮部的管理体制多采用四级制度，即部门经理、主管、领班和服务员。

五、餐饮部营业收入管理

由于餐厅营业时间短、顾客消费结算较为集中，收银员往往比较忙乱，容易发生失误，如账单丢失、吧台物品丢失等。如果餐饮结算过程中手续不健全，还易产生多种弊端，如侵吞收入；修改账单中个别项目或涂改折扣率，侵吞差价；对熟人或朋友用餐不开账单、不收取费用等。所以，为了便于账目管理及实现有效监督，餐厅必须建立合理的餐单管理程序，加强餐单流程的监控及餐饮吧台监控，健全稽核制度。

六、餐饮部核算内容

餐饮营业成本主要包括原材料、人工、燃料、机器设备等费用。但是，由于餐饮部在制作产品时花色品种多、数量零散，有时几种产品同时使用一种原材料烹制，无法将原材料的耗用划分给某一品种，所以在核算餐饮营业成本时只核算食品成本，其他项目费用均列入有关费用。餐饮营业收入主要包括各式菜品、酒水、主食、面点等。

第二节　酒店餐饮成本与收入的核算

本节关键词：

核算方法、材料成本、价格制定

本节内容提要：

（1）了解餐饮成本的两种核算方法。

（2）了解什么是餐饮成本核算。

（3）了解餐饮产品的价格制定方法。

（4）了解什么是餐饮收入核算。

酒店餐饮收入是酒店收入的重要来源之一，随着人们生活水平的日益提高，餐饮部未来潜力巨大，本节将详细介绍酒店餐饮成本与收入核算及相关知识。

一、餐饮成本核算方法

餐饮成本核算主要有两种方法：

（1）永续盘存法，也称实际领用法。它是按照餐饮加工部门实际领取数目来计算所消耗餐饮原材料成本的方法，这种方法适用于设有领料制的酒店。餐饮部门将当月领取和购买的材料直接计入餐饮制品的成本，月末盘点时将未用材料、半成品及未售制品从本期领用材料成本中扣除，并办理"假退料"（月末尚未消耗完，下月需要继续耗用的物品，通过填写表单而实物不需移动的会计处理程序）手续。

餐饮部本期成本计算公式如下：

本月已消耗材料成本=月初材料结存额＋本月领用额＋本月采购材料成本－月末剩余材料盘存额

（2）实地盘存法，也称盘存记耗法，是一种简化的成本核算方法。采用这种方法，平时领取或购买材料时，只需办理领料和验收手续，并在材料账户上挂账，无须做会计处理。到月末对库存餐饮材料和加工部门未售产品盘点时，编制"餐饮材料盘存表"，以账面价值倒挤本期耗用材料的成本进行餐饮成本核算。

其计算公式为：

本月已消耗材料成本=月初材料结存额＋本月购入材料总额－月末剩余材料盘存额

实地盘存法虽然方便简单，但是该方法核算并不严密，无法分清材料损耗的经济责任，易产生管理漏洞，它一般适合小型餐饮部门。

二、餐饮成本的核算

餐饮制作的成本，只包含烹制加工过程中所消耗的原材料，其余如人工、销售、服务过程中所产生的各项支出均计入营业费用中，所以餐饮成本的核算主要是对餐饮原材料的核算。

餐饮原材料是指餐厅烹制、加工食品所用的材料，其分类如表 2-1 所示。

表 2-1　原材料分类表

类　别	细　分
主食类	面粉、大米、黑米、花生、大豆、玉米、绿豆等粮食类材料
副食类	蔬菜、水果、蛋、新鲜肉类等鲜活类材料
干货类	腊肉、木耳、香菇等可较长时间保存类
调味料	油、盐、酱、醋、味精、淀粉等

由于鲜活类材料存放时间短，所以采取随购随用的原则，购入时直接交由厨房验收后使用。其他类别材料交由仓库保管，但入库时需要办理入库手续，入库单格式如表 2-2 所示。

表 2-2　材料入库单

材料类别		供应单位		购料单号	
发票编号		存入仓库		入库日期	
材料名称	数　量		计划价格		实际价格	
	发票数量	实收数量	单价	总价	单价	总价
合计						

采购员：　　　　　　　　　　　　仓库保管员：

【例】某酒店从开元超市购入玉米一批，价格 1100 元，购入牛肉 1200 元，购入食用油 600 元，购入木耳 300 元，购入啤酒 800 元。所购物品已验收入库。

借：原材料——粮食类——玉米 　　　　1100

　　主营业务成本——鲜活类——牛肉 　　1200

　　原材料——调味料——油 　　　　　 600

　　　　　　——干货类——木耳 　　　　300

　　库存商品——酒水类——啤酒 　　　　800

　　贷：应付账款——开元超市 　　　　　　　4000

餐饮部在需要原材料时，同样需要填制原材料领用单，其格式如表 2-3 所示。

表 2-3　材料领用单

名称	规格	单位	数量	单价	金额	备注
合计						

仓库保管员：　　　　　　　　　　　领料人：

【例】某酒店餐饮部一日领用木耳等干货类 1800 元，其中冷菜耗用 500 元，热菜耗用 1300 元；面点房领用免费 400 元。

借：主营业务成本——冷菜 　　　 500

　　　　　　——热菜 　　　　 1300

　　　　　　——面点 　　　　 400

　　贷：原材料——干货类——木耳 　　1800

　　原材料——主食类——面粉 　　　　400

对于原材料的核算，酒店餐厅需要专门设立"原材料"账户，其作用是盘存。在"原材料"账户中，我们可以清楚地了解和检查资金的使用情况。

三、餐饮产品的价格制定

餐饮是酒店最基本的职能之一，在现代酒店经营中占据越来越重要的地位。如何能让餐饮在为酒店创造最大价值的同时还能兼顾消费者利益，这就涉及如何为餐饮产品制定价格的问题。

餐饮价格的制定方法有两种：

（1）成本毛利率法。它是根据餐饮产品的成本和成本毛利率来确定销售价格的方法，其计算公式如下：

成本毛利率 =（销售收入 − 产品成本）÷ 产品成本

销售价格 = 产品成本 ×（1 + 成本毛利率）

【例】某餐厅营业收入 35800 元，营业成本 18700 元。一份宫保鸡丁的成本是 5.5 元，按照成本毛利率法计算销售价格如下：

成本毛利率 =（35800 − 18700）÷ 18700 × 100% = 91.44%

宫保鸡丁售价 = 5.5 ×（1 + 91.44%）= 10.52 （元）

（2）销售毛利率法。它是根据餐饮产品的成本和销售毛利率来确定销售价格的方法，其计算公式如下：

销售毛利率 =（销售收入 − 产品成本）÷ 销售收入

销售价格 = 产品成本 ÷（1 − 销售毛利率）

【例】仍按上文【例】数据计算。

销售毛利率 =（35800 − 18700）÷ 35800 × 100% = 47.76%

宫保鸡丁售价 = 5.5 ÷（1 − 47.76%）= 10.52 （元）

在实际工作中，成本毛利率和销售毛利率要经常换算，其公式如下：

成本毛利率 = 销售毛利率 ÷（1 − 销售毛利率）

销售毛利率 = 成本毛利率 ÷（1 + 成本毛利率）

四、餐饮部收入核算

不同酒店的餐饮部营业收入核算流程虽然不尽相同，但是大体一致。由服务员根据客人要求填写菜单，要求一式三联，分别交厨房、传菜员、收银员三处。

每天营业结束后，收银员要根据当日已结算的餐费账单进行汇总编制

"餐饮部营业日报表"，核对无误后连同餐费账单一起送交财务部门，日报表格式如表2-4所示。

表 2-4 餐饮部营业日报表

项目\餐别	用餐数		菜品(含凉菜)	主食(含面点)	酒水	海鲜	结算		
	台数	人数					现金	挂账	合计
早餐									
午餐									
晚餐									
本日合计									
备注									

餐厅主管： 制表人： 时间：

酒店住宿客人在餐厅消费后要求挂账时，餐厅收银员应填写"消费挂账通知单"，并请客人签字确认后送交客房前台以便及时计入客人账单。

第三节 酒店客房部的功能和业务特点

本节关键词：

客房、客房部、功能、业务特点

本节内容提要：

（1）了解客房部的组织结构。

（2）了解客房及客房部的功能。

（3）了解客房部的业务特点。

客房部是酒店最重要的盈利部门，其盈利收入一般占酒店总收入的50%以上，所以更为清楚地了解客房部显得十分重要。

一、客房部的构成

近年来，我国酒店业受国外同行业先进服务理念的影响，也在逐渐完善自身的结构体系。如今，我国酒店客房部结构大体如图 2-1 所示。

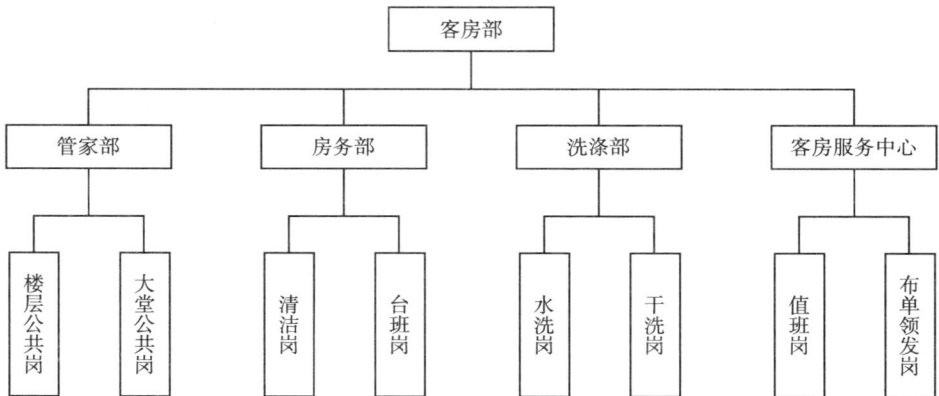

图 2-1 客房部结构图

二、客房及客房部的功能介绍

客房作为酒店的特殊商品，有着与普通商品不一样的功能特点，而由客房为基础组成的客房部同样如此，下面做了详细介绍。

1. 客房是酒店存在的基础

作为一家酒店，可以为客人提供住宿服务是最基本的先决条件，没有了客房，酒店也就失去了存在的意义。在我国，酒店客房的建筑面积一般占总体建筑面积的 60%以上，而且客房的内外装修、设备购置等在酒店投资中同样占有很大比重，由此可见客房部的重要性。

2. 客房收入是酒店收入的主要来源

客房作为酒店最重要的商品之一，也是酒店最主要的利润来源，其营业收入一般占到酒店总收入的 40%~60%。虽然最初建造客房时投入大，但其作为重要的不动产，具有耐用性高、纯利润高等特点，可以长久、持续地为酒店创造收益。

3. 客房是带动酒店其他消费的基础

如今的酒店大多涉及多元化的经营与服务，只有当顾客入住酒店以后，才有可能进行如餐饮、娱乐、购物等其他项目的消费。只有提高酒店客房的入住率，酒店的各种设施才能在最大限度上发挥作用，一切组织结构才能正常运转。所以，客房部的良好运转直接影响了整个酒店的经营管理。

4. 客房部的服务和管理水平直接影响酒店声誉

客房作为顾客停留时间最长的地方，它的服务及管理水平往往成为顾客对酒店评价的重要标准，同时也代表着酒店的整体质量水平。

5. 客房部扮演着酒店管家的角色

客房部不仅担负整个酒店公共部分的清洁、绿化和保养工作，还负责整个酒店布件（如毛巾、浴巾等）的保管、发放、洗涤、熨烫，是其他部门正常运转的基础。

6. 客房部负责管理酒店重要的固定资产

酒店行业中的固定资产包括设施设备、家具、建筑物、相关物品配备等，这些固定资产大约占酒店总资产的80%以上，而其中大部分都在客房部的管辖范围内。客房部担负着多数公共设施设备的日常保养及维护工作，或及时监督、协助有关部门进行维修，尽可能延长设备设施的使用寿命。

三、客房部的业务特点

客房作为一家酒店最为昂贵的商品，与其他商品相比有以下特点：

1. 时间性

客房是按照时间单位出售其使用权，换言之，只要客房空置，每分每秒都是其价值的浪费。所以客房部的严格管理对酒店经营至关重要，一方面要做好客房内设施、设备及物质用品的保管和维护工作；另一方面也要使客房的清理程序合理化、科学化，加速客房周转，及时为顾客提供合格产品。

2. 空间性

客房虽是商品，但是它无法携带，顾客购买到的只有客房的环境、设施设备、菜肴及服务等体验，所以只有满意的服务和优质的环境才是酒店长久稳定发展的基础。

3. 数量稳定性

依据最初的规格计划，每家酒店的客房数量从经营初始便基本确定。所以在保证客房入住率的同时，如何最大限度地去挖掘客房使用、利用价值是酒店经营的方向。

4. 私密性

寝室是人最重要的私人领域之一，对私密性和安全性有十分严格的要求，而酒店客房作为临时寝室，也同样如此。所以，在客房服务上要特别注意，如不能随意进出客房，不随意翻看、移动客人物品，要尊重顾客的隐私权。

第四节　酒店客房部成本与收入的核算

本节关键词：

客房部、任务、成本、收入、盈利

本节内容提要：

（1）了解客房部的核算任务及程序。

（2）了解客房部的营业成本及收入核算。

（3）了解如何提高客房部盈利水平。

作为酒店会计，要想完成对客房部成本与收入的核算，要先清楚客房部的核算任务和业务流程。

一、客房部的核算任务

根据客房本身具有的特点，客房部会计核算需要完成以下核算任务：

（1）通过对客房出租及收入情况及时、完整、正确的记录，并整理会计核算资料提供给相关部门，用以改进客房部经营和管理状况。

（2）建立科学合理的结账制度，保证顾客可以方便快捷地结账离开。

（3）通过对物料用品消耗及各项费用支出的核算，在国家政策框架内制定合理的房价及劳务收费标准。

二、客房部的业务流程

由于各民族、各地区的风俗习惯不同，结算方式也有所不同，所以，酒店需要建立健全规范的工作流程，以提高工作效率，完善结算和收款制度。客房部流程一般包括客户住宿登记、服务项目登记、离店结算和编制营业日报表等。

1. 客户住宿登记

住宿登记是指顾客办理申请住宿登记手续。有两种方式可供选择：一是顾客到酒店服务台直接办理；二是顾客通过网络、电话、信函等方式预约办理，并向酒店说明预订房间数量、规格及住宿时间。

2. 服务项目登记

顾客在住宿期间可以使用酒店提供的电话、录像设备、交通工具等设备以及其他设施；也可以请酒店代订机票、车票、船票等，但这些服务都是收费项目，通常会在顾客离开酒店时与房费一并结算。

3. 离店结算

酒店结算的方式有两种：第一种方式是即时结账，就是顾客需要先结清账单才可以享受住宿等服务，一般适用于小型酒店。采用这种核算方法虽然简单明了，但因账目不齐全，无法有效地进行监督和核对，所以一般不采用。

第二种方式是账目总结，就是顾客进入酒店时只收取部分押金，待顾客离店时，才将其消费项目情况汇总，编制"结算汇总单"交与前台一并结算。

4. 编制营业日报表

酒店每日营业结束后，各楼层服务台需要编制"客房日报表"，并提交总台，由总台编制"客房日报汇总表"，然后将两份报表送交财会部门进行处理。

三、客房部营业成本的核算

虽然酒店建筑及相关设施耗资巨大，但由于客房商品的特殊性，无法每天进行成本计算，只能合算营业费用。

客房的净利润＝客房营业收入−营业费用−税金−管理费

客房营业费用主要包括电费、工资、燃料、折旧及物品损耗等。

1. 工资的核算

国内酒店业职工的工资发放，通常是下个月发放上个月的工资，第一个月并没有工资支出，为避免会计报表失真，必须预提，因为预提的工资往往与实发工资有差异，所以需要注意进行数据调整。

2. 能源消耗的核算

客房部涉及的能源消耗主要是电力与燃油，其中又以中央空调、洗衣坊、热水的能耗最大。电耗可按照相关设备的功率及使用时间进行计算；油耗需要工程部技术人员进行计算统计。

3. 消耗物品的核算

消耗物品（如牙膏、牙刷、卷纸等）一般是由客房批量领出存放在客房仓库，然后按照每天的实际用量发放的物品。核算的方法有两种：一是移库处理，逐日（月）核销，并根据月末的总盘点表，核实实际库存。二是倒挤（期末通过实物盘点，确定存货的结余数量，并根据结余数量计算期末存货成本和本期存货发出成本）确定消耗量，在客房批量领出后，不做移库处理，按照所领数额，单列账户，月末计算出该月物品的实际消耗数额，再转入"营业费用账户"。

4. 服装费的核算

酒店出于整体形象的考虑，会根据职务为员工制定统一服装。在核算方式上有两种：一是五五摊销法，将 50% 的价值计入相关费用。二是长期待摊法，按照 2~3 年分月摊销，计入各有关费用中的服装费项目。不管采用何种核算方式，都要设置备查簿，对服装的领用人登记管理，并在领用人离职后收回所发放服装，避免浪费。

5. 折旧费的核算

酒店固定资产主要是建筑、相关设施和各种大型设备，无法按照各部门分摊折旧费，一般计入管理费中。酒店固定资产通常按照直线法的平均年限核算。

6. 客房税金的核算

客房部同样需要定期缴纳营业税及相关附加税等，标准按照所在城市规定标准执行。要特别注意的是，由于税收部门是按照税费总额向酒店征收，为了便于管理和计算，酒店对营业税的缴纳和计提应该统一在一起进行核算。

四、客房部营业收入的核算

客房收入的核算，需要确认三点：

（1）确认客房出售时间。客房部的营业收入主要来源于客房的销售，它是指酒店通过货币结算的方式使顾客暂时拥有客房的使用权，因此按照权责发生制原则，客房只要出售，无论是否收到房金，都应作为销售处理，并确认相应的客房收入。

（2）确认客房收入金额。每家酒店的客房都有价格牌，但由于酒店的业务性质有淡季和旺季之分，也有个人顾客和团体顾客之分，所以实际收取的客房价格与挂牌价是有区别的。在最后确认收入金额时，要以实际收取为准。

（3）收款形式的选择。酒店的收款方式有预收、现收和事后结算三种方式，虽然不同的收费方式管理的重点不同，但是都需要认真执行合同规定，保证相应的服务质量和等级。

五、如何提高客房部盈利水平

通过加强营业费用的管理从而降低营业费用，是提高客房盈利水平的重要途径之一。方法如下：

1. 客房内的设施管理及维护

客房作为商品在一定时间内归顾客使用，但由于使用者的素质良莠不齐，存在设施破坏、盗窃的可能，所以就需要建立健全监管制度，杜绝不应有的损失。服务人员也应时常对客房内设施进行测试、检查、维护等工作，降低报损率。

2. 压缩能源消耗

因为电力和燃油作为客房的主要能源，其消耗支出在营业收入中占有一定比例，所以合理科学地制定能源使用规划，在环保的同时也能提高客房的营业收入。

3. 一次性用品管理

客房免费提供的一次性用品如拖鞋、梳子、牙具等都是按照人数定额发放，有一部分顾客并不喜爱一次性用品，既不使用也不带走，楼层服务人员应注意回收，同时健全一次性用品的发放管理制度。每天发放的一次性用品都应填写"客房消耗用品统计表"。表格样式如表2-5所示。

表2-5 客房消耗用品统计表

项目＼品名	拖鞋	香皂	梳子	洗发液	沐浴液	浴帽	信纸	信封	圆珠笔	牙具	卷纸
应发数											
实用数											
补发数											
备 注											

客房主管：　　　　领班：　　　　服务人员：　　　　日期：

第三章 酒店康乐部会计核算

第一节 酒店康乐部的概述

本节关键词：

康乐部、酒店

本节内容提要：

（1）了解康乐部的概念和组织结构。

（2）了解康乐部的发展阶段。

（3）了解康乐部的地位的重要性。

（4）了解康乐部的未来发展前景。

改革开放30多年以来，随着经济的发展、收入的增加，越来越多的人群注重养生和休闲。伴随着这股潮流的迅速发展，康乐部成为新兴的朝阳产业。

一、康乐部的概念

康乐，指的就是健康娱乐，即满足人的健康、娱乐和休闲放松等的活动，包括健身、娱乐、保健美容等一系列活动。

康乐部是现代酒店一个新兴起的部门，按照中华人民共和国国家旅游局

《旅游涉外饭店星级评定标准》的规定，涉外星级酒店必须具备一定的康乐设施。

康乐部门组织结构：

1. 健身器器械运动

其特点是锻炼身体，在愉快的气氛下促进身心健康，锻炼心肺功能。

跑步踏步类运动：以踏步机、登山机等器械为主。

骑车运动：类似于自行车的运动器械。

进行力量训练：举重运动、健美运动。

游泳运动：室内游泳、戏水游乐场等。

球类活动：网球、保龄球、壁球、高尔夫等。

2. 娱乐休闲

其特点是运动不激烈，趣味性强；环境氛围感强；享受休闲娱乐，强调精神上的满足。

歌舞类：卡拉 OK、KTV、舞厅等。

游戏娱乐：电子游戏、棋牌游戏。

文化娱乐：书刊阅览、闭路电视等。

3. 保健休闲项目

其特点是特定的设备和服务，有严格的操作过程；服务技术含量高；文化气息浓。

项目：桑拿浴、保健按摩、美容美发。

4. 室外游乐项目

项目：游乐园、户外运动。

二、康乐部的发展阶段

简单发展：直到 19 世纪末，由于生产力落后，闲暇和娱乐只是贵族阶级的权力，广大劳动者只能在有限的时间里借助简陋的娱乐设施进行简单的康乐活动。

普及发展：欧美国家实施 8 小时工作制后，康乐运动得到普及和发展，歌舞、俱乐部的出现，使得人民大众开始参与进来。

高档化发展："二战"以后，许多国家开始发展经济，社会生产力迅速发展，闲暇时间增多，收入提高，对康乐活动有了更高的要求。设施多为功能化、配套化，环境更加高雅、幽静，服务更加周到、细致。

今后发展：随着社会的进一步发展，人们更加注重生活质量和生活态度。健康、养生、享受生活成为 21 世纪的主流。康乐活动会向专业化、个性化发展；管理和服务更加科学；收费合理，向社会普及。

三、康乐部的重要性

康乐是随着我国经济的发展而发展的，是旅游行业下的产物。顾客有很多需求，例如趣味性、健身性、高雅性、新奇性、刺激性等，在康乐部都可以得到满足。还有完善的设施、优美的环境、高素质的服务态度，所以康乐部的魅力吸引了大部分的顾客和旅游者。由此可见，康乐部是涉外酒店不可缺少的一个部门。甚至在有的地方，康乐部的消费超过饭店和客房部。

顾客对它的需求越来越大。它的多样性、独特性、优雅的环境，吸引着众人的注意力。甚至有些人把康乐作为生活中必不可少的一部分。据记者调查，有 70%的年轻人喜欢到这些酒店的康乐中心去玩乐。康乐部的基本职能是：提供娱乐、健身、健美服务；满足顾客安全、卫生需求；提供咨询服务。对于那些住宿的客人来说，康乐也是必不可少的活动之一。

康乐项目可以延长旅客停留时间，提高酒店接待能力。酒店康乐项目不仅为度假旅游的客人提供了休闲、游玩、社交的场所，而且也为商务客人提供了健身、运动的基本条件。酒店具有特色的休闲、康乐项目，丰富了酒店内容，形成了特有的市场吸引力，提高了客房的出租率，延长了旅客的停留时间，增加了酒店收益。

康乐部的建立不单单是为了评星级而设的，它的优势在旅游酒店中展露无遗。旅游者的选择越来越趋向康乐部的设施是否完善，是否具有新意和吸引力。只有受到越来越多旅游者和公众的青睐，酒店的经济效益才能达到满意的效果。所以，康乐设施的完善性、先进性是酒店竞争市场的重要手段。

在人们越来越多地追求精神生活享受的同时，康乐项目必然成为酒店开发项目的首选，又因康乐项目的种类繁多，文化性强，容易形成经营特色和利润倍增的效应。

四、康乐部的未来发展前景

康乐项目是新兴的时尚休闲项目，所以将来的发展空间会很大。酒店也会越来越重视康乐部的研发。

中国的酒店适当地调整康乐部在市场的定位，使康乐部门不仅从附属的部门独立出来，而且形成一个专业化的管理部门，与客房、餐饮等部门平行，面向市场，成为具有代表性的消费场所。

康乐项目是酒店特色经营的展现。因地、因店、因风俗习惯等不同的条件选择服务项目，形成特色的酒店经营。彰显个性和独特风格，形成特色的酒店品牌。

康乐行业在未来发展的空间很广阔，康乐经营在消费经济活动中所占的比例将会增加，康乐消费在人们的生活消费中所占的比例也会增长。花钱买健康已经成为一种消费意识。康乐成为人们的自觉行为，以后人们的消费层次会向更高水平发展，康乐活动会层出不穷，而且更加趋于新、奇、险等，更加凸显主题。康乐的发展更加多元化和普及化。康乐经营也会趋向综合性和多样性。有助于消除疲劳，暂时忘记生活中的烦恼，缓解压力，得到精神上和体力上的恢复，回到现实工作中才能保持高效率。

第二节　舞厅与电子游戏机的核算

本节关键词：

舞厅、电子游戏机、核算

本节内容提要：

（1）了解舞厅的分类管理与核算。

（2）了解电子游戏机的核算。

生活节奏的加快，工作、住房等压力的负担增加，舞厅和电子游戏厅等地方成为人们舒缓压力、放松精神的最佳地方。

一、舞厅

1. 舞厅的分类

根据经营方式的不同，舞厅的活动内容也不一样，可以分为 4 种类型：

（1）普通歌舞厅：以跳交谊舞为主，跳舞时可由小型乐队或歌手伴唱。舞池较大，顾客群体分散，年轻人、中年人和老年人都有，装饰传统，氛围平和。

（2）迪斯科舞厅：以"蹦迪"为主，舞池较小，比较分散。顾客以年轻人为主，装修装饰时尚，有些奇特，氛围比较热闹。

（3）夜总会：以表演歌舞等节目为主，有比较大的舞台和男女化妆间。

（4）歌厅：在舞厅增设 KTV 包房，布置在不同的楼层。有的地方没有舞池。

2. 舞厅的管理

娱乐市场里充满了形形色色的舞厅、卡拉 OK 厅等，国民经济、消费水平的提高，更是刺激酒店舞厅越开越多，竞争更加激烈。想要在娱乐市场争取一席之地，必须把舞厅管理得更加完善。做到以下几点：提高舞厅的设备，改造优美、豪华的环境。

安排丰富多彩的节目。

聘用较高水平的主持人、歌手，能够带动气氛；乐队的高水准；收费合理，不宜过高。因为门票收入的取得是基于乐队、歌手和演员的工作。

3. 舞厅的核算

酒店的舞厅除了对住房的宾客开放外，大多也对社会公众开放。舞厅的营业收入主要是靠门票和顾客的酒水食品消费。门票收入由出售的门票张数决定，门票的成本可看作是支付给乐队、歌手等的相应薪酬。由于报酬的记账和结算时间不同，使用"销售费用"、"其他应付款"及"现金"或"银行存款"等会计科目。

吧台的成本由实际出售的酒水食品的种类和多少决定。通常在月末使用"主营业务成本"和"库存商品"会计科目记录。

注意：若采用售价金额法核算吧台的酒水，则应比照酒店商场的商品销售会计处理，进行"商品进销差价"的结转。其相关财务信息可通过"舞厅营业日报表"获取，如表3-1所示。

表3-1　舞厅营业日报表
年　　月　　日

营业收入		当天应支付费用		备注
项目	金额			
门票收入		日场费用		
日场		乐队报酬		
夜场		歌手报酬		
吧台收入		夜场费用		
日场		乐队报酬		
夜场		歌手报酬		

二、电子游戏机

电子游戏机，又名电子游戏器，是使用游戏软件完成的游戏。

20 世纪 80 年代初，中国第一台电子游戏机在桂林诞生。之后，电子游戏机以其锐不可当之势，"红"遍了中国大江南北，电子游戏厅也以雨后春笋般的势头遍及各地。

1. 影响游戏厅的因素

游戏厅的环境好坏直接影响玩家是否入门。游戏厅的内部环境设计可依机台的类型、类别等新颖的经营风格吸引玩家。以不同的特色显示独特的风格并注意造型和色彩的整体效果。

酒店不仅要拥有新潮的游戏设备，还要创造适宜的游戏环境，让玩家享受最优质的服务。明亮干净的游戏通道，轻松适宜的游玩环境，给人以新鲜、优质的感觉。

合理分析消费市场，确定消费群体，有针对性地引进不同的设备。如果青少年较多，可以购进一些模拟类机台和机动乘骑类的，如跳舞机、赛车、探险类机台。如果消费群体比较成熟，以成人游戏为主，如高尔夫、捕鱼达人等。

2. 电子游戏机的核算

电子游戏机的种类较多，一般采用自助投币的方式。顾客向收银员购买一种特质的"金属"游戏币，游戏币由出纳保管。

收银员根据平常业务量的多少向酒店财务部门领取一定数量的游戏币作为周转。营业前，游戏机的存币柜是封锁的，每日营业结束后由收银员和负责人一起打开清点数量，然后填制一式两联的"电子游戏机营业收入游戏币缴交单"，一联交财务部门入账，另一联与游戏币一起交给出纳员签收，出纳员签收完毕退还收银员作为回执。

酒店应在"其他应收款"和"其他应付款"两个明细账户中核算酒店电子游戏厅的业务。

【例】一家酒店发行游戏币 3000 枚，定价 1 元，由财务部门出纳员保管。电子游戏厅的收银员领取 2000 枚作为营业周转。开业两天后开启游戏机存币柜，共收到游戏币 800 枚，交于财务部门。收银员用营业收入的现金 1000 元向财务部换回等值游戏币 1000 枚。

分析如下：

发行游戏币 3000 枚时：

借：其他应收款——库存游戏币　　　3000

　　　贷：其他应付款——发行游戏币　　　　　3000

电子游戏厅收银员领取周转游戏币时：

借：其他应收款——游戏币周转金　　　2000

　　　贷：其他应付款——库存游戏币　　　　　2000

收到电子游戏厅缴交营业收入游戏币 800 枚时：

借：其他应收款——库存游戏币　　　　800

　　　贷：主营业务收入——电子游戏　　　　　800

收银员用现金兑换游戏币 1000 枚时：

借：现金　　　　　　　　　　　　　1000

　　　贷：其他应收款——库存游戏币　　　　　1000

第三节　洗浴中心与车队的核算

本节关键词：

洗浴、车队、核算

本节内容提要：

（1）了解洗浴中心现状。

（2）了解酒店车队费用。

　　酒店囊括很多方面，例如洗浴中心，不用出门就可以享受；出行更是方便，只要一个电话就可以搞定。

一、了解洗浴中心现状

国家经济的迅速发展，人们生活水平的提高，使得国内的洗浴行业得到长足的发展，已经摆脱了过去传统"澡堂子"的模式，从缓解疲劳、清洁身体的单一目的，转变成不仅清洁身体而且放松精神、愉悦身心的休闲目的。

洗浴中心已成为成功人士洽谈业务、广泛社交的重要场所。洗浴中心转变为规范化、专业化、多功能及洗浴休闲为一体的综合性场所。

1. 洗浴中心的项目

酒店的洗浴中心一般有浴池、蒸汽浴、桑拿等设施，为满足客户的需求，可以增加其他相关的项目，如足浴、保健、休闲等。在休息区增设小项服务，如掏耳、修脚、足部按摩等。附近设有吧台为客人提供酒水食品等商品。

2. 洗浴中心的发展

洗浴服务行业成为新兴的朝阳产业。根据商务部商业改革发展司和中国商业联合会沐浴专业委员会联合对 102 家洗浴企业调查结果显示，2005~2006年沐浴行业整体经营状况良好，在营业额、利润和纳税方面都有较大增长，带动行业增长十分明显。

随着竞争逐渐激烈，为了在竞争中获得优势，大型酒店企业会通过兼并、收购、联合等形式扩大规模，行业由杂乱逐步走向整合。

3. 洗浴中心的核算

洗浴中心收入来自洗浴、酒水销售及其他保健服务。提供保健服务的人员薪酬在确认洗浴中心收入之前，按协商好的比例计件计算，通过"其他应付款——应付服务成分"科目核算，作为洗浴中心代收的款项，与收入的取得无直接关系（见表 3-2）。

二、酒店车队

度假酒店的环境一般都比较优美，位于浩瀚的海边或者清幽的山脚边。

表 3-2　洗浴中心营业日报表

年　　月　　日

收入项目	计价单位	单价	收入合计		其中		分成比例	备注
			服务量	金额	酒店收入	服务员收入		
蒸汽浴	人次							
洗浴	人次							
按摩	分钟							
修脚	人次							
酒水								
食品								
合计								

因此它不像其他商务型酒店那样交通特别便利。资金雄厚的度假型酒店会建立自己的车队，有偿地向宾客提供服务，例如承揽客运、货运业务等。

1. 酒店用车管理

酒店用车可以分为两种情况：内部用车和客人用车。

内部用车是酒店内部人员使用车辆，可以说是自用车辆。各部门员工正常工作范围内一般不予调派，有些情况可以申请后使用，例如财务人员离店取送款，销售部人员回访客户、走访市场等，事先填写"用车单"。自用车辆的一切费用计入"管理费用"核算。

客人用车时，前厅部或接待部通知车队队长，车队队长确认客人用车信息，准备出车安排，出车单交予保安亭。使用车辆，按照内部收费标准，计入"其他业务支出"相关项目进行核算。

2. 车辆费用的分类

油费：加油的方式有现金、邮票、油卡三种。填写车辆使用控制统计表，记录每趟出车的使用记录和具体费用，控制油耗。

保养和维修：是酒店车辆费用所占比例比较高的一项，车辆若保养不善，会面临更多的维修。做到在规定公里数内并在指定4S店保养；在固定的维修厂维修；而且做好保养维修记录，为每辆车做一份档案；定时检查车辆是否按时维修保养。

保险：根据酒店自身情况选择投保，此外，还有两种保险要考虑：玻璃单独破碎险；车辆自燃损失险。

其他费用：除油耗、保养和维修费、保险外，车辆使用中还有其他常见费用的支出，如养路费、年审、过路过桥费等。

3. 车队的核算

车队的收入和支出费用分别通过"其他业务收入"和"其他业务支出"账户进行核算。车队的各项费用支出在"其他业务支出"账户下设置明细账户，准确说明每一项的去处（见表 3-3）。

表 3-3 "其他业务支出"明细账单
年 月　　　　　　　　　　　　　　　　单位：元

项目	借方金额	贷方金额	余额	借方项目分析							
				汽油费	养路费	过桥费	维修费	年检费	折旧费	保险费	差旅费	其他
汽油费											
养路费											
维修费											
过桥费											
年检费											
折旧费											
保险费											
差旅费											
其他											
本月合计											

第四章 酒店商场的会计核算

第一节 酒店商场会计核算概述

本节关键词：

商场、核算、分类

本节内容提要：

（1）了解酒店商场的概述。

（2）了解酒店商场会计核算特点。

（3）了解商场其他事项的核算。

伴随着经济的发展，旅游业的兴旺，酒店的客流量增多，为了满足客户的需求，酒店设置了商场部。

一、酒店商场的概述

酒店商场部指在酒店内部聚集在一起的由各种商店组成的市场，面积较大、商品比较齐全的大商店，主要用于服务本酒店顾客的需要。商场规模一般不会太大，品种不会太多，一般为日用百货、小食品、烟酒、工艺品等。

酒店商场的定位分为3种形式：

（1）专营店或专柜：针对高星级酒店的高端客户，与高档消费品牌合作，如红酒、保健品、珠宝等。

（2）小超市：针对中低星级客户，销售各种日用品，如腰带、服装、中高档烟酒，适合客人将消费直接与房费统一结账，回单位报销。

（3）小便利店：经济型酒店，仅为客人日常提供方便，如洗发水、小食品、普通烟酒饮料等。

二、酒店商场会计核算的特点

1. 不独立核算

酒店商场一般不进行独立核算，也不直接向外进货，由酒店统一进货。商品收入渠道仅是酒店的总仓库。

2. 商场酒店一般采用"售价金额核算法"即"售价金额核算实物负责制"

（1）实行售价记账，以金额控制商品库存数量。财务部门对商品的进销价格一律按售价登记，只记录售价金额，不反映商品的数量和品种。通过这种方式，来控制库存产品数量和负责人的经济责任。

（2）确定实物负责人，建立经济责任制。按照商品的分类或地点设立实物负责人，将商品拨给负责人经营，对商品按售价承担全部的经济责任。

（3）设置"商品进销差价"，核算商品售价与进价的差额。"商品进销差价"是"库存商品"账户下的调整账户，反映按售价登记库存商品账的情况。

（4）加强商品盘点，落实商品的库存金额。库存商品只是按价记账，只记商品的增减情况不记数量，因此要加强商品的盘点及物价管理，每月至少全面盘点一次，来确定存货的数量，核实商品库存金额，分清负责人的责任。

（5）通过商品进销差异率和结存商品售价计算结存商品的进价成本。

三、商场其他事项的核算

1. 鲜果等商品的核算

特点：售价变动大，在销售过程中不断调整；随着商品鲜活程度的变化，随时调整零售价格，产生不同的实价；交易频繁，数量零碎；容易干耗，腐烂变质，消耗程度不易掌控。

核算特点：设置"鲜果类"明细账，实物负责人用原价记入，只记录金额不记录数量；负责人准备备查账簿，登记鲜果类的收入、付出和结存数量；产品发生损耗、升溢、价格变动时，财务部门不做账务处理，只是登记在备查账簿中便于查证；销售鲜花款项另行存入；每日将营业款项交予财务部门；定期结转销售成本，采取实地盘点的办法。

2. 委托代销商品的结算

（1）代销的商品为价值昂贵的工艺品等；委托代销商品在"受托代销商品"（"代理业务资产"）、"受托代销商品款"（"代理业务负债"）科目进行核算。

（2）商场不纳入自营商品的管理，而设立备查账簿登记，销售后单独向财务部门交款。代销商品销售后由委托方提供销货发票。

（3）商场按照代销商品售价的一定比例收取手续费，列作"其他业务收入"。

（4）委托代销商品如做自营处理，则不通过"受托代销商品"（"代理业务资产"）账户核算，操作程序与自营方式相同，但必须待商品售出后才能结付价款。

3. 商品调价、削价和折扣的核算

（1）商品调价的核算。

1）商品在经营过程中，往往会因进价变动和供求关系等原因而需要调整销售价格。

2）商品调价处理除影响"库存商品"的账面余额外，还必然影响商品的进价和售价之间的差额，财务部门应根据业务部门填制的"调价商品差价调整单"对"库存商品"和"商品进销差价"账户进行调整。

【例】酒店决定调高旅行箱售价，旅行箱原价为 26 元，调整为 40 元，经盘点实存 30 个，根据"调价商品差价调整单"：

借：库存商品——商场实物负责人　　　　420
　　贷：商场进销差价　　　　　　　　　　　　420

（2）商品削价的核算。

1）酒店商场的库存商品，由于保管或管理不善等原因，出现商品残缺、变质等情况影响原使用价值的，必须进行削价处理。

2）确定削价处理后，由实物负责人填制"残损商品削价报告单"，经审核无误后，据此进行账务处理：削价后的新售价低于原进价时，除将原售价与原进价的差额冲减"商品进销差价"外，低于原进价的部分，记入"待处理财产损溢"账户，待批准后处理；削价后的新售价不低于原进价，只是减少了收入，未构成实际财产损失，其低于原售价的部分可直接记入"商品进销差价"账户。

【例】商场库存 156 条毛巾，因存放时间太久，严重褪色，批准削价。毛巾原进价 4.50 元，原售价 6.50 元，削价后新售价 3 元，根据"残损商品削价报告单"做如下分析：

借：待处理财产损溢　　　　　　　234

　　商品进销差价　　　　　　　　312

　　贷：库存商品——商场实物负责人　　　546

削价损失 234 元经批准作费用处理：

借：管理费用　　　　　　　　　　234

　　贷：待处理财产损溢　　　　　　　　234

（3）商品盘点。酒店商场每月末须进行至少一次全面盘点，若盘存金额与应存金额不符，应查明原因编制"商品溢余报告单"，经领导审批后，交财务部门做账处理。

商品盘点短缺的核算——对有自然损耗的商品应制定合理的损耗率：未超过定额损耗的短缺，作为费用核销（管理费用）；超过定额损耗的部分，原则上应由责任人赔偿（其他应收款），如有特殊原因，经领导批准也列作费用处理。

第二节 商品购进和进销差价的核算

本节关键词：

核算、进销差价、商品购进

本节内容提要：

（1）了解商品购进时的会计核算。

（2）了解商品进销差价的核算。

商品进销差价是酒店商场补偿流通费用和获取利润的主要来源。

一、商品购进时的会计核算

商场的商品一般没有进货的增值税发票——酒店商场不独立核算，购进的商品由酒店统一办理，总仓库收货后交商场销售；购进时很难区分哪些是专供商场的物资。

商场从仓库领取商品时，由经办人填写一式四联的"商品内部验收调拨单"。一联存查，二联交财务部门，三联交仓库发货，四联商场收货。

表 4-1 商品内部验收调拨单

商品编号	品名	规格	进货价格				销售价格				差价金额
			单位	数量	单价	金额	单位	数量	单价	金额	
	青岛啤酒	1×6	件	80	18	1440	听	480	8	3840	2400
	红塔山香烟	1×10	件	100	150	15000	包	1000	20	20000	5000
调出部门：仓库				合计		16440				23840	7400

【例】一家五星级酒店从超市购进一批物品，其中包括红塔山香烟 100 条，青岛啤酒 80 件，购进价格分别为香烟 150 元一条，啤酒 18 元一件。酒店制定的零售价为香烟 20 元一包，啤酒 8 元一听。这批货已经付清货款入库，财会部门收到了仓库转来的收货单，编制商品入库的会计凭证：

借：库存商品　　　　　23840

　　贷：库存商品　　　　　　　16440

　　　　商品进销差价　　　　　　7400

二、商品进销差价的核算

平时通过"主营业务收入"和"主营业务成本"分别反映商品销售金额和已销商品的进价成本。

在"售价金额核算法"下，应将已销售所分摊的进销差价调减销售成本，已销商品的进销差价是月末通过一定的计算方法求得，无法逐笔随同销售成本进行调整，而是月末做一次调整。综合差价率计算法一般适用于各类商品进销差价相近的商场；分类差价率计算法适用于所经营的各类商品进销差价率相差幅度较大的商场；实际进销差价计算法通常只在年终决算时采用。

酒店商场计算已销商品进销差价的方法有三种。

1. 综合差价率计算法

综合差价率计算法是企业根据经营的全部商品库存、销售的比例，平均分摊进销差价。

采用这种方法计算商品进销差价，计算手续简单，只适用于商品种类少、各类商品进销差价不会太大的企业，例如酒店商场。

具体的计算公式为：

综合差价率＝结转前商品进销差价账户余额÷（期末库存商品余额＋期末委托代销商品余额＋本期商品销售收入）

本期已销商品进销差价＝综合差价率×本期商品销售收入

销售商品应分摊的商品进销差价，按以下方法计算：

商品进销差价率＝月末分摊前本科目余额÷（"库存商品"科目月末余额＋"委托代销商品"科目月末余额＋"发出商品"科目月末余额＋本月"主营业务收入"科目贷方发生额）×100%

本月销售商品应分摊的商品进销差价＝本月"主营业务收入"科目贷方发生额×商品进销差价率

【例】某酒店商场的月末调整前的"商品进销差价"总账余额为45000元，本月商品的销售总额为135000元，月末受托代销商品余额为23000元，月末库存商品余额为50000元，则：

综合差价率＝45000÷（135000＋23000＋50000）×100%＝21.63%

本月已销商品进销价格＝135000×21.63%＝29200（元）

借：商品进销差价　　　　　29200

　　贷：主营业务成本　　　　　　29200

2. 分类差价率计算法

分类差价率法又称分组差价率计算法、分柜组差价率计算法，是指企业各类商品或者各营业柜组的销售、库存的比例，平均分摊进销差价。

分类差价率＝某类（柜组）商品月末"商品进销差价"科目余额（分摊前）÷〔某类（柜组）商品月末"库存商品"科目余额＋某类（柜组）商品月末"受托代销商品"科目余额＋某类（柜组）商品本月"商品销售收入"科目贷方发生额〕

【例】明珠酒店销售百货、烟酒、食品等几类商品，表4-2是商品的明细资料。

表 4-2　商品明细表

商品分类	"商品进销差价"账户余额	"库存商品"账户余额	"主营业务成本"账户余额
百货	56484	74515	161515
烟酒	48751	56384	120611
食品	10024	25123	65123
合计	115259	156022	347249

已销百货分摊的商品进销差价 = $161515 \times [56484 \div (74515 + 161515)] \times 100\% = 161515 \times 68.42\% = 110508.56$（元）

已销烟酒分摊的商品进销差价 = $120611 \times [48751 \div (56384 + 120611)] \times 100\% = 120611 \times 27.54\% = 33216.26$（元）

已销食品分摊的商品进销差价 = $65123 \times [10024 \div (25123 + 65123)] \times 100\% = 65123 \times 11.10\% = 7233.48$（元）

3. 实际进销差价计算法

实际进销差价计算法是先计算出期末商品的进销差价，进而逆算已销商品进销差价的一种方法。

具体做法是：期末由各营业柜组或门市部通过商品盘点，编制"库存商品盘存表"和"受托代销商品盘存表"，根据各种商品的实存数量，分别乘以销售单价和购进单价，计算出期末库存商品的售价金额和进价金额及期末受托代销商品的售价金额和进价金额。

"库存商品盘存表"和"受托代销商品盘存表"一式数联，其中一联送交财会部门，复核无误后，据此编制"商品盘存汇总表"。期末商品进销差价、已销商品进销差价的计算公式如下：

期末商品进销差价 = 期末库存商品售价金额 - 期末库存商品进价金额

已销商品进销差价 = 结账前商品进销差价账户余额 - 期末商品进销差价

【例】酒店商场在年末盘点商品时，按售价计算的库存商品总金额为750000元，按商品最后进价计算出库存商品进价总金额为364000元，结转前"商品进销差价"的余额为485000元，则：

本月已销商品进销差价 = $485000 - (750000 - 364000) = 99000$（元）

借：商品进价销售　　　　99000

　　贷：主营业务成本　　　　　99000

第三节　委托代销商品和销售折让的核算

本节关键词：

委托代销、销售折让、核算

本节内容提要：

（1）了解委托代销商品的核算。

（2）了解商品的销售折让核算。

委托代销商品和对商品进行价钱上的折让是酒店常用的方法。

一、委托代销商品的核算

1. 委托代销商品

委托代销商品又称为托售商品，是指企业或者个人向其他单位进行物品的委托和销售。委托方和受托方签订协议，确定代销商品的品种、价格、代销方式、代销手续费的标准和结算方法等内容，明确双方的责任和经济利益。

（1）代销的商品为价值昂贵的工艺品等，委托代销商品在设立的"受托代销商品"、"受托代销商品款"科目进行核算。

（2）商场委托销售不纳入自营商品的管理，而设立备查账簿登记，销售之后单独向财务部门缴纳款项，代销商品的发票由委托方提供。

（3）商场按照代销商品售价的一定比例收取手续费，列作"其他业务收入"。

（4）委托代销商品如作自营处理，则不通过"受托代销商品"科目进行核算，操作程序与自营方式相同，但必须待商品售出后才能结付价款。

2. 委托代销商品的优点

（1）扩大产品销路。从酒店的角度来看，通过委托代销，可以扩大产品的销路，探测市场对产品的需求量，为酒店增加客流量。

（2）节约运营资金，减少商品所有权的风险。商品未售出之前，酒店不承担任何债务，也不必投入过多的运营资金。如果承销的商品市价下跌或没有售出，酒店可将商品退还给客户。

3. 委托代销商品的核算

代销商品收入的确认应按代销方式进行。

代销商品有两种方式：

方式一：视同买断。委托方与受托方签订协议或合同，委托方按协议或合同的价格收取货款，实际售价由受托方自行决定，售价和协议价格的差额由受托方收取。

这种销售的本质还是代销，根据合约的不同规定，买断方式又包括两种情况，商品的风险和报酬转移给受托方及商品的风险和报酬未转移给受托方。假如代销协议中规定一方没有将商品售出时，可以将商品退回甲方或者乙方。受到的代销商品的亏损，可以要求甲方补偿，这种情况下，风险就没有转移。

方式二：收取手续费。委托方和受托方签订协议或者合同，委托方根据商品的数量和价格向受托方支付一定的手续费。这是受托方的一种劳务收入。

【例】甲公司委托酒店代销一件观音玉器，按照合约规定其销售价格定位为 15000 元，销售后按售价的 10%收取手续费，由委托方开出销售发票，玉器售出，收取现金。与委托方结算，扣除手续费后，余款以银行存款方式支付。

收到货物时：

借：受托代销商品　　　　　　15000

　　贷：受托代销商品款　　　　　　　15000

销售商品后：

借：库存现款　　　　　　　　15000

　　贷：应付账款——甲公司　　　　　15000

借：受托代销商品款　　　　　15000

　　贷：受托代销商品　　　　　　　　15000

支付甲公司货款时：

借：应付账款——甲公司　　　　15000

　　贷：库存现金　　　　　　　　　　13500

　　　　其他业务收入　　　　　　　　　1500

二、商品销售折让的核算

1. 商品销售折让的概念

销售折让是指企业因售出商品的质量不合格等原因而在售价上给予的减让。企业将商品销售给买方后，如买方发现商品在质量、规格等方面不符合要求，可能要求卖方在价格上给予一定的减让。

但是税法有严格的规定，可以分为两种情况：

（1）企业依据退回的增值税专用发票或机关单位开具的"企业进货退出及索取折让证实单"重新开具发票，并按照退货或折让金额冲减原销售额，并且相应减少应纳流转税。

（2）企业没有索取退回的增值税专用发票，或者没有提供机关单位开具的"企业进货退出及索取折让证实单"，就不能从销售额中减除这一部分折让金额，更不能少缴纳相应的所得税。

2. 销售折让的核算

销售折让是销货方因售出货物的质量等原因给予购货方的价格减让，其实质是原销售额的减少。销货方取得税务机关开具的"企业进货退出及索取折让证明单"，才可以开红字专用发票。设立"主营业务收入"账户进行明细分类。

在核算时，由于销售折让不具备费用的属性，故将其作为收入的抵减数处理。

【例】商场的全部商品原来的销售价格为24500元，为了扩大销售，对宾客让利5%，则会计分录如下：

借：库存现金（24500×95%）　　　　　　　23275

   贷：主营业务收入   23275

  按原售价转销库存商品：

  借：主营业务成本   24500

   贷：库存商品——实物负责人   24500

  【例】酒店的商场销售一批商品，增值税发票的售价为 50000 元，增值税为 7000 元，该商品的成本为 35000 元，但买方收到货物后发现商品质量与合同要求的不一样，要求给予 5% 的折让，商场同意，则会计分录如下：

  借：应收账款   57000

   贷：主营业务收入   50000

    应交税费——应交增值税（销项税额）   7000

  借：主营业务成本   35000

   贷：库存商品   35000

  商场给予买方销售折让，会计分录如下：

  借：主营业务收入   2500

   应交税费——应交增值税（销项税额）   350

   贷：应收账款   2850

  实际收款时：

  借：银行存款   54150

   贷：应收账款   54150

表 4-3 企业进货退出及索取折让证明单

_____ 税字【　　　】第　号

销货单位纳税人识别号：□□□□□□□□□□□□□□□

销货单位纳税人名称：　　　　　　　　　　　　　　　　　　No：

	货物名称	单价	数量	金额	税额
进货退出					

	货物名称	金额	税额	要求	
				折让金额	折让税额
索取折让					

退货或索取折让理由	单位（公章） 经办人：　年 月 日	税务机关意见	（公章） 经办人： 负责人： 年　月　日

购货单位	全称	
	纳税人识别号	

第五章 酒店流动资产与长期资产的核算

第一节 流动资产与长期资产的概述

本节关键词：

流动资产、长期资产

本节内容提要：

（1）了解流动资产的概念和类别。

（2）了解长期资产的概念和类别。

流动资产和长期资产是酒店整个财务系统的重要组成部分，本节将对其做简单介绍。

一、流动资产的概念

流动资产是指企业在一年或长于一年的一个营业周期内可以变现或可以运用的资产，是企业资产的重要组成部分。流动资产是酒店拥有的各项资产中变现能力最强的资产，其运营合理与否，对于酒店的资金周转和经济效益有着重要影响。

营业周期是指企业的经营过程，如图5-1所示。

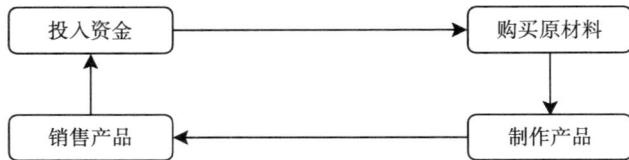

图 5-1 营业周期

二、流动资产的类别

流动资产主要包括现金、短期投资、应收及预付款、银行存款和存货等。

（1）现金。它是指企业的库存现金，可以立刻用来购买商品、支付各种费用、偿还债务、充当交换媒介等，也可以随时存入银行。

（2）短期投资。它指企业以现金购入各种能够随时变现或转让的股票或债券等有价证券，获得利息或股利收益的行为。

（3）应收及预付款。它指企业拥有将来收取货币资金或得到商品相关的各种权利。应收及预付款一般包括应收票据（如汇票等）、应收账款（如欠账消费额等）、预付款项（按合同预先支付的货款）、待摊费用（如预付报刊订阅费等）等。

（4）银行存款。它指企业存放在银行或其他金融机构内，并且可以自由提取、使用的货币资金。

（5）存货。它指企业为生产经营的需要而储存的各种原材料、燃料、商品、半成品和相关易耗品等。

三、长期资产的概念

长期资产是指企业在经营过程中拥有的经济寿命（设备的使用费处于合理界限之内的设备寿命）超过一年或一个营业周期以上的各种资产。它在酒店的资产总额中所占比重较大，同时对酒店经营的影响时间较长。因此，加强酒店长期资产的管理与核算，对酒店是否能够准确客观地计算酒店经营成本和费用有着重要意义。

四、长期资产的类别

长期资产主要包括固定资产、无形资产、长期投资、长期待摊费用、非货币性交易等。

（1）固定资产。它指使用年限超过一年且企业只用来生产经营使用并不以出售为目的，并且使用过程中能保持其原有形态的资产，如建筑物、机械、机器、工具器具等。

（2）无形资产。它指酒店能够长期使用却没有实物形态，并且长期为酒店盈利发挥作用的特殊资产，如著作权、专利权、商标权、土地使用权、品牌信誉等。无形资产主要通过自创、购入、外部投资转入三种途径获得，其计价原则是按成本入账。

（3）长期投资。它指企业出于某种目的准备长期持有的投资，如为控制某公司从而长期持有该公司股票等；长期投资也指在一年内无法收回或不准备收回的投资，如债券、股票等。

（4）长期待摊费用。它指企业已经支出，但摊销期限（按照一定时间期限分摊购置成本的会计处理办法）在一年以上的各项费用。如股票发行费用、固定资产的租用费用、固定资产的修理费用等。

（5）非货币性交易。它指交易双方以非货币性资产进行交换的行为。非货币性资产包括固定资产、无形资产、存活、股权投资和债券投资等。

第二节　存货的核算

本节关键词：

存货、计价、差异率

本节内容提要：

（1）了解存货的类别和计价原则。

（2）了解存货的计价方法。

（3）了解存货的收发核算。

（4）了解成本差异率的计算公式。

存货是酒店资产中流动性较大的一种资产，它通过加工和生产的方式转变原有的实物形态，其加工和生产价值从酒店营业收入中得到体现，这一过程便是酒店资金的循环与周转，企业也从该过程中获得经济利益。

一、存货的类别

根据酒店自身经营的特点，它的存货分类与其他性质的企业有所不同，如今酒店存货根据用途主要包括原材料、商品、燃料、低值易耗品等。

（1）原材料。它指通过加工制作后能够成为一种食品的各种原料、材料，如米、面、各种肉食等食品原料，又如啤酒、可乐、白酒等饮料等；同时原材料也指用于维修酒店各种设施、设备以及建筑物等专用的各种维修材料，如电机维修器材、汽车配件、电气照明设备等。

（2）商品。它指酒店通过对外购买并且用以在商场内销售的各种物品，如白酒、红酒、水果、地方特产、服装、香烟等。

（3）燃料。它指酒店经营过程中需要的各种燃料或交通工具所需要的各种燃料。如煤、汽油、柴油、天然气等。

（4）低值易耗品。它指除了原材料、商品、燃料以外酒店日常经营所需要的各种使用年限较短、价值较低的用具物品，如纪念品、包装用品、清洁用品、办公室用品等。

酒店存货除了按照用途分类外，也可以按来源做如下分类：

（1）酒店通过购买而来的货品。

（2）酒店内部生产的货品。

（3）酒店委托外部单位加工的货品。

（4）第三方（投资人等）对酒店捐赠的货品。

二、存货的计价原则

存货计价是否准确合理直接关系到酒店的资产损益和资产负债表上相关项目所得税计缴等问题，正确计算存货价值是进行存货核算的基础。

《企业会计准则》规定："各种存货应当按取得时的实际成本记账。"在酒店的经营过程中，针对不同情况确认存货价值的方式也不同。

（1）通过对外购买的原材料、燃料、物料用品，按照原始进价加运杂费和需要缴纳的税金等计价。

（2）酒店内部生产的货品，按照其生产制造过程中的各项实际支出计价。

（3）酒店委托外部单位加工的货品，按照委托时的合同、协议所确定的价值计价。

（4）第三方（投资人等）对酒店捐赠的货品，按照市场评估或第三方所提供的数据计价。

三、存货的计价方法

目前我国企业对于存货核算主要有两种体系。

（1）计划成本法。它指存货的收入、发出和结余均按预选制订的计划成本计价，同时另设成本差异科目，登记、分摊、按期结转实际成本与计划成本的差额，期末将发出和结存存货的成本调整为实际成本。由于该方法与工业企业成本核算方法相同，在此不再赘述。

（2）实际成本法。它指以中间产品生产时发生的生产成本作为其内部转移价格的方法。企业在使用实际成本法核算时，有5种具体的使用方法。

1）分批认定法。它是在企业每次发出存货时，查明其所属批号、发票或订单号，分别按照实际购入或加工成本作为该种存货的发出价值。

【例】万华酒店6月A种材料收入发出结存资料如表5-1所示。

表 5-1　6 月 A 种材料收发结存表

日　　期	数　　量	单　　价	发出数量	结存数量
6 月 1 日初存	200	20		
6 月 7 日购入	100	25		300
6 月 13 日发出			200	100
6 月 25 日购入	100	24		200

按照分批认定法计算如下：

本月发出存货实际成本 = $(100 \times 30) + (100 \times 35) = 6500$（元）

月末结存存货成本 = $(300 - 100) \times 30 + (100 - 100) \times 35 + (100 - 0) \times 33 = 9300$（元）

该方法的优点是对于计算存货发出成本和结存成本数额准确。其缺点是需要对货物分批存放然后计算每批存货的成本，对于存货种类多、收发频繁的企业并不适用。

2）加权平均法。它是按照每一种存货的数量和本金计算存货的加权平均单价，再分别乘以每种存货的发出数量和期末结存数量，计算发出存货的成本和期末结存存货成本金额。

【例】按照上例，采用加权平均法计算如下：

A 材料加权平均单价 = $(300 \times 30 + 100 \times 35 + 100 \times 33) \div (300 + 100 + 100) = 31.6$（元）

A 材料期末结存成本 = $300 \times 31.6 = 9480$（元）

A 材料发出成本 = $300 \times 31.6 = 9480$（元）

该方法的优点是对于前后进价幅度较大的存货，计算结果较为准确，能够较为均衡地计算出存货的发出成本和期末结存成本金额。其缺点是工作量大，较适合存货品种少的企业。

3）先进先出法。它是假定先收入的存货先发出，待前面一批存货全部发完才开始发出后面的存货，这样便可以按照进货先后顺序，随时计算发出存货的成本和结存存货的成本金额。

【例】按照上例，采用先进先出法计算如下：

A 材料发出的成本金额 $=300×30=9000$（元）

该方法的特点是计算出的结果带有一定假设性，期末结存货物的账面价值，相对接近于最后收入的存货实际成本。其缺点是对于发货需要分清先后顺序和价格来计算，工作量较大。

4）后进先出法。它是假定后入库的存货先发出，并根据这种假设的成本流转顺序对本期发出数和结存数计价。

【例】按照上例，采用后进先出法计算如下：

A 材料发出成本 $=100×35+100×30=6500$（元）

A 材料期末结存成本 $=(300-100)×30+100×33=9300$（元）

该方法的优点是在物价上涨较快或通货膨胀期间，其成本计算结果更符合收入与成本配比的会计原则，该方法在计算时会使得当期成本费用上升，利润减少，从而减少当期所得税的缴纳额。其缺点是企业若要使用此种方法，必须报经税务机关批准，否则在申报所得税时会有税额调整的麻烦。

5）移动平均法。它是每收入一批存货就重新计算一次结存存货的加权单价，以后发出存货的单位成本以此单价为准。

【例】按照上例，采用移动平均法计算如下：

A 材料结存单价 $=(300×30+100×35)÷400=31.25$（元）

A 材料发出成本 $=300×31.25=9375$（元）

该方法在配合永续盘存法时会显得方便快捷，并且计算准确性高于加权平均法。其缺点是计算过程要比加权平均法烦琐很多。

四、酒店存货的收发核算

酒店存货按照存货类型分别建立具体账户，酒店存货核算就是对各个存货账户的核算，如原材料、商品、燃料等。在对这些账户进行核算时，根据企业自身的具体情况，既可以选择实际成本核算，也可以选择计划成本核算。

1. 实际成本核算

采用该方法对存货进行日常核算时可设置"在途材料"等相关账户来反

映存货购入情况，在存货验收入库后才转入"原材料"等相关存货账户；存货出库时则借记（资产类账户的增加）有相关成本、费用账号；贷记（预先透支）"原材料"等账户。

具体核算流程如图 5-2 所示。

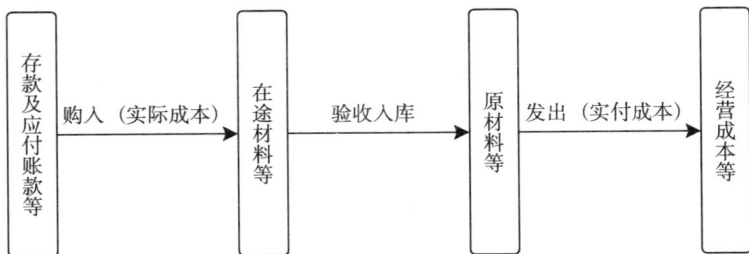

图 5-2　实际成本核算流程

2. 计划成本核算

采用该方法对存货进行日常核算时可设置"材料采购"等相关账户，借方登记采购时的实际成本，贷方则登记验收存货的计划成本；存货领用时以计划成本计价，记入"原材料"等账户，月底再对实际与计划成本差异数进行分配，以便将成本、费用账户上借方核算额调整至实际水平。

具体核算流程如图 5-3 所示。

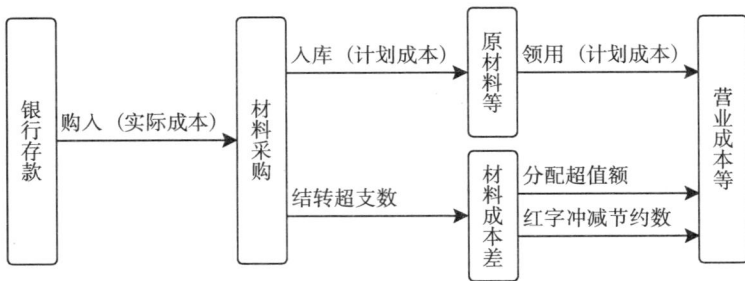

图 5-3　计划成本核算流程

五、成本差异率计算公式

差异率计算公式如下：

当月材料成本差异率＝（月初结存材料成本差异＋当月购入材料成本差异）÷（月初结存材料计划成本＋本月购入材料计划成本）×100%

上月材料成本差异＝月初结存材料成本差异÷月初结存材料计划成本×100%

【例】某原材料计划单价8元/千克，某酒店9月1日购入该材料100千克，实际支付单价为9元/千克，9月2日验收入库。9月3日发出50千克，在9月8日再次购入该材料80千克，实际支付单价为8.5元/千克。9月15日发出70千克，则会计分录如下：

（1）9月1日采购原材料100千克：

借：材料采购　　　　　　　900

　　贷：银行存款　　　　　　　　　900

（2）验收入库：

借：原材料　　　　　　　　800

　　材料成本差　　　　　　100

　　贷：材料采购　　　　　　　　　900

（3）9月8日采购原材料80千克：

借：材料采购　　　　　　　680

　　贷：银行存款　　　　　　　　　680

借：原材料　　　　　　　　720

　　贷：材料采购　　　　　　　　　680

　　材料成本差　　　　　　　　　　 40

（4）9月3日发出材料50千克：

借：营业成本　　　　　　　450

　　贷：原材料　　　　　　　　　　450

（5）9月15日发出材料80千克：

借：营业成本　　　　　　　　630

　　贷：原材料　　　　　　　　　　630

第三节　货币资金的核算

本节关键词：

货币资金、核算、分类

本节内容提要：

（1）了解货币资金的概述。

（2）了解货币资金的分类及核算。

货币资金核算是经济合算的重要内容，其目的是反映、监督资金占用周转情况，加速资金周转，提高盈利。

一、货币资金的概述

货币资金又称为货币资产，是企业在生产经营过程中处于货币形态的资金。它是企业重要的支付流通手段，流动性强，是重点审查对象。是资产负债表的一个流动资产项目，包括库存现金、银行存款、其他货币资金三方面。

二、货币资金的分类及核算

1. 库存现金

库存现金是指企业的库存，包括人民币现金和外币现金。酒店在办理现金收支业务时，设置"现金日记账"，按照业务的先后顺序登记，结余数与实际存数相符。"现金日记账"余额与"现金总账"余额相符。

现金主要用于企业日常的零碎开支，使用的范围大多数是职工工资、差旅费、企业零星采购等。库存现金的支出要使用原始单据，如原始发票、借款单等。

【例】某企业从银行提取库存现金 6000 元，则会计分录如下：

借：库存现金　　　　　　　6000

　　贷：银行存款　　　　　　　　6000

2. 银行存款

银行存款指的是企业存放在银行和其他金融机构的货币资金。根据国家现金管理结算制度的规定，每个企业必须在银行开立账户，用来办理存款、取款、结算等业务。企业设立"银行存款日记账"，分币种设明细账。

银行存款分为经营业务收入和非经营业务收入。银行存款收入处理账务记录在"银行存款"账户。

【例】某酒店按面值购入债券 500000 元，收入款项为 570000 元，后查明，该债券入账的应计利息为 50000 元，则会计分录如下：

借：银行存款　　　　　　　　570000

　　贷：长期投资——债券投资　　　　500000

　　　　　　　　——应计利息　　　　50000

　　投资收益　　　　　　　　20000

银行存款支出也同银行存款收入同理，记录在"银行存款"账户。

【例】酒店采购一批商品，价格为 100000 元，交付转账支票，根据支票的存根和发票，会计分录如下：

借：材料采购　　　　　　　100000

　　贷：银行存款　　　　　　　　100000

3. 其他货币资金

其他货币资金指的是企业除去现金和银行存款以外的各种货币资金，存放地点和用途都不一样，包括外埠存款、银行汇票存款、信用证存款、银行本票存款等。

（1）外埠存款是指企业到外地进行临时或零星采购时，汇往采购地银行开立采购专户的款项。

【例】某采购员到外地采购了一批联想的家电，第一笔采购资金为 50000
元，采购员凭发票单计 47000 元，还要增加采购资金，第二笔款项为 40000
元。采购员回去后，报销发票单据为 41000 元。月末收到外地的外埠存款多
余款 50 元和银行手续费 50 元，采购员的差旅费 1000 元。

1）汇出第一笔款项时，编制的会计分录为：

借：其他货币资金——外埠存款　　　50000

　　贷：银行存款　　　　　　　　　　　　50000

2）收到第一批报销凭单时，编制的会计分录为：

借：材料采购　　　　　　　　　　47000

　　贷：其他货币资金——外埠存款　　　　47000

3）收到第二批报销凭单时，编制的会计分录为：

借：材料采购　　　　　　　　　　41000

　　贷：其他货币资金——外埠存款　　　　41000

4）采购员支取现金作差旅费时，编制的会计分录为：

借：其他应收款　　　　　　　　　1000

　　贷：其他货币资金——外埠存款　　　　1000

5）月底收到银行收账通知，结清外埠存款时，编制的会计分录为：

借：银行存款　　　　　　　　　　50

　　财务费用　　　　　　　　　　50

　　贷：其他货币资金——外埠存款　　　　100

（2）银行汇票存款。银行汇票存款是指企业为取得银行汇票，按照规定
存入银行的款项。企业应向银行提交"银行汇票委托书"并将款项交存开户
银行，贷记"银行存款"账户。

【例】酒店为取得银行汇票将 30000 元交与银行，并于数日后使用汇票购
买商品，其费用为 20000 元，多余额退还开户银行。

1）取得银行汇票时，编制的会计分录为：

借：其他货币资金——银行汇票　　　30000

　　贷：银行存款　　　　　　　　　　　　30000

2）购买商品并取得发票时，编制的会计分录为：

借：物资采购　　　　　　　　　　20000

　　贷：其他货币资金——银行汇票　　　20000

3）将余额退还开户银行时，编制的会计分录为：

借：银行存款　　　　　　　　　　10000

　　贷：其他货币资金——银行汇票　　　10000

（3）银行本票存款。银行本票存款是企业为了取得银行本票，按规定存入银行的款项。

【例】企业购进一批商品，价格为 7000 元，另外还承担外地运输费用 500 元。该企业向银行填制"银行本票申请书"，记明金额为 7500 元的银行本票一张。

1）取得银行本票时，编制的会计分录为：

借：其他货币资金——银行本票　　7500

　　贷：银行存款　　　　　　　　　　7500

2）购买商品并取得发票及运输费账单时，编制的会计分录为：

借：物资采购　　　　　　　　　　7500

　　贷：其他货币资金——银行本票　　　7500

第四节　转账结算的核算

本节关键词：

转账结算、分类、核算

本节内容提要：

（1）了解结算的概述。

（2）了解转账结算方式的分类。

（3）了解转账结算的核算。

企业在经营过程中，由于商品交易和劳务供应，经常会用转账结算来进行企业单位和个人的结算业务。

一、结算的概述

结算是企事业单位、集体和个人之间进行经济活动的货币给付行为，例如商品交易、劳务供应等。酒店在经营过程中进行的货币结算可以分为现金结算、票据转让和转账结算。

现金结算是直接使用现金的货币收付。

票据转让是用票据的给付说明债权债务关系，通过银行进行转账结算。

转账结算又称为非现金结算，指通过银行从付款单位账户划转到收款单位账户的货币收付行为。

二、转账结算方式的分类

目前酒店常用的结算方式有支票、本票、委托收款和托收承付结算。

1. 支票结算

支票是银行存款人签发给收款人办理结算或委托开户银行将款项支付给收款人的票据，包括现金支票和转账支票。

现金支票适用于现金支付范围内的结算业务和本单位提取备用金；转账支票适用于同城单位间的商品交易及其他款项的结算业务，只能办理转账不能提现。

转账支票结算程序：付款单位根据付款业务，签发转账支票，并留下存根交给收款单位；收款单位收到转账支票后将填写的"进账单"送到开户银行；银行受理后退回"进账单"回单联；由双方的开户银行传递支票和划转款项。

支票的核算：银行出售未使用的支票，由存款人填写凭证领用单。

2. 银行本票结算方式

银行本票是申请人将款项缴存银行，由银行签发给其凭证办理转账结算和支取现金的票据。

银行本票分为定额和不定额两种。定额银行本票的面额为 500 元、1000 元、5000 元和 10000 元四种。

银行本票一律记名，允许背书转让；付款期为一个月，逾期银行不予兑换，不计挂失。企业申请办理银行本票，填写"银行本票申请书"，填明收款人名称，需要支取现金填明"现金"字样。银行受理申请后，收妥款项，签发银行本票。企业凭银行本票办理结算业务或支取现金。

付款单位银行本票的核算，一般通过"其他货币资金"账户进行。企业将款项交到银行，收到银行签发的银行本票，借记"其他货币资金"，贷记"银行存款"；企业将银行本票交付收款人办理结算时，借记"有关账户"，贷记"其他货币资金"。

3. 委托收款结算方式

委托收款是委托人委托开户银行向付款人收取款项的结算。委托收款地点不受限制，同地、异地均可，也不受金额起点的限制。委托收款有邮寄和电报两种方式。

表 5-2　委托收款凭证

委托日期　　年　月　日

委托号码：第　号

付款人	全称			付款人	全称										
	账号或地址				账号或地址										
	开户银行		行号		开户银行										
委托金额	人民币（大写）					千	百	十	万	千	百	十	元	角	分
款项金额		委托收款凭据名称				附寄单证张数									
备注：		款项收妥日期				收款人开户行盖章									
			年　月　日									月　日			

单位主管：　　　会计：　　　复核：　　　记账：

收款人委托银行收款，填写"委托收款凭证"并签章，将"委托收款凭证"及相关债务证明提交给收款人开户银行；银行审查凭证无误后，交付给付款人开户银行委托收款。

付款人接到通知和有关证件后，在规定的付款期内付款。付款人存款账户不足支付的，通过被委托银行向收款人发出未付款项通知书。相关的债务证明和未付款项通知书由委托银行交给收款人。

若付款人审查有关证明后，拒绝付款，办理拒付理由书，连同有关单证交被委托银行，转交给收款人。

4. 托收承付结算方式

托收承付结算是根据购销合同供货单位委托银行向购货单位收取货款，购货单位根据购销合同验货或核对单证后付款的一种结算方式。托收承付结算有结算金额起点的限制。

（1）托收。收款人按照协议发货后，委托银行办理托收。收款人将托收凭证附发运凭证和交易单证送到开户银行。收款人开户银行接受后，按照托收的范围、条件等要求进行审查。

（2）承付。付款人开户银行收到托收凭证及证件，及时通知付款人。承付贷款有验单付款和验货付款两种方式。验单付款的承付期为 3 天；验货付款的承付期为 10 天。

付款人收到提货通知，向银行交付提货通知，并承认付款，再由付款人银行划拨款项，通知收款人收妥入账。

三、转账结算的核算

（1）持票人、出票人在同一银行开户时，无论哪一方，都要提交一式三联的进账单，银行审核支票和进账单，进行转账，会计分录如下：

借：活期存款——付款入户

    贷：活期存款——收款入户

（2）收付款人不在同一银行开户，持票人开户行受理并提交支票，将三联进账单加盖"收妥抵用"的戳记，转入"其他应付款"，会计分录如下：

借：存放中央银行准备金

　　贷：其他应付款——托收票据待转户

出票人开户行受理出票人提交支票，经审无误后，可以付款，办理转账，则会计分录如下：

借：活期存款——付款入户

　　贷：存放中央银行款项

第五节　酒店固定资产的核算

本节关键词：

固定资产、划分、核算

本节内容提要：

（1）了解酒店固定资产的概念。

（2）了解酒店固定资产分类。

（3）了解酒店固定资产的核算。

酒店固定资产的投资金额很大，固定资产品种多，分布广，在经营中占有很重要的地位，因此要了解并掌握对固定资产的核算。

一、酒店固定资产的概念

酒店的固定资产指的是使用年限在一年以上的永恒建筑。机器设备、工具及其他与生产经营有关的设备等。酒店的固定资产占很大的比例，具有的特点：投资金额大，使用期限长；在使用期限中，不改变原来的实物状态；价值周转速度慢。

二、酒店固定资产的分类

根据划分的标准不同，固定资产有不同的分类。

（1）按照经营用途划分，可以分为营业用固定资产和非营业用固定资产。营业用固定资产指的是酒店直接或间接服务于游客的固定资产，例如客房、餐厅、商场等。非营业用固定资产是指不是用来服务游客的固定资产，例如职工食堂、职工浴室等。

（2）按照使用情况划分，可以分为在用固定资产、未使用固定资产、不需用固定资产。在用固定资产指正在使用的营业用固定资产和非营业固定资产。未使用固定资产指尚未投入使用的固定资产和停止使用的固定资产。不需用固定资产指不适合酒店使用或多余的等待处理的固定资产。

（3）按所属关系分类，可以分为自有固定资产、外单位投入固定资产、租赁固定资产。自有固定资产指用本金或其他资金构建供酒店长期支配使用的固定资产。外单位投入固定资产指的是酒店和其他单位联合经营，固定资产由其他单位投入资金。租赁固定资产指酒店向外出租固定资产，其他单位个人只有使用权而没有所有权。

三、酒店固定资产的核算

1. 固定资产增加的核算

固定资产的增加方式主要有购入、自行建造、接受捐赠、其他单位投资转入等。购入后，酒店要及时根据购入途径办理相关的手续凭证，进行分类、明细核算。

（1）购入固定资产。购入固定资产分为两种情况：一种是购入不需要安装的固定资产；另一种是购入需要安装的固定资产。

不需要安装的固定资产直接就可以使用，核算比较简单，购入的固定资产按实际支付的价格作为原价，会计分录为：借记"固定资产"账户，贷记

"银行存款"账户。

　　购入需要安装的固定资产，就必须经过安装之后才可以使用。酒店购入的资产及安装的一系列费用记在"在建工程"账户，安装完成后由"在建工程"转入"固定资产"账户。

　　【例】酒店购进一台设备，价格为50000元，并支付运输费700元，保险费500元，该设备需要一个星期的时间进行安装调试，则会计分录如下：

　　　　借：在建工程　　　　　　　　　　　51200
　　　　　　贷：银行存款　　　　　　　　　　　　　51200

　　安装调试过程中发生费用1000元，则会计分录如下：

　　　　借：在建工程　　　　　　　　　　　1000
　　　　　　贷：银行存款　　　　　　　　　　　　　1000

　　设备交付使用，则会计分录如下：

　　　　借：固定资产　　　　　　　　　　　52200
　　　　　　贷：在建工程　　　　　　　　　　　　　52200

　　（2）自建工程。酒店自建固定资产在"在建工程"账户中进行核算，因建造工程方式不同分为自营工程和出包工程。

　　自营工程在"在建工程"账户下设置明细科目，进行核算。

　　【例】世纪酒店经股东大会商讨，准备建造一间洗衣房。

　　购进洗衣房设备安装材料21000元，会计分录如下：

　　　　借：在建工程——工程物资　　　　　21000
　　　　　　贷：银行存款　　　　　　　　　　　　　21000

　　购进一批空调、洗衣机，费用为35000元，工程材料的费用为11000元，会计分录如下：

　　　　借：在建工程——自营工程——洗衣房　46000
　　　　　　贷：在建工程——工程物资　　　　　　　46000

　　在建洗衣房应付工人的工资为20000元，其他的费用为5000元，会计分录如下：

　　　　借：在建工程——自营工程——洗衣房　25000

```
        贷：银行存款                           5000
            应付工资                          20000
```

洗衣房竣工交付使用，工程成本为 92000 元（21000 + 46000 + 25000 = 92000）

结转分录为：

```
    借：固定资产                         92000
        贷：在建工程——自营工程——洗衣房        92000
```

出包工程通过"在建工程"进行核算。

【例】明珠酒店将装修娱乐城的工程包给一家装修公司，合同规定工作价款为 500000 元，酒店需要预付 40%，剩下的等完工再交付。

预付工程价款，会计分录如下：

```
    借：在建工程——娱乐城——装修公司  200000
        贷：银行存款                      200000
```

工程完成，结算全部工程价款，会计分录如下：

```
    借：在建工程——娱乐城——装修公司  300000
        贷：银行存款                      300000
```

工程验收合格，交付使用，会计分录如下：

```
    借：固定资产                         500000
        贷：在建工程——娱乐城——装修公司      500000
```

（3）接受捐赠固定资产。酒店接受捐赠的固定资产作为资本公积处理，如果是旧的资产，记入"累计折旧"账户。

【例】九鼎酒店接受一位人士赠予的送货车，根据市场价格，该车价值在 200000 元，会计分录如下：

```
    借：固定资产——运输工具               200000
        贷：资本公积                      200000
```

如果这辆车是已经使用过的旧车，其原来账面价值为 250000 元，该车有七成新，在接受捐赠过程中发生的费用为 500 元，则会计分录如下：

```
    借：固定资产——运输工具               250500
```

贷：累计折旧	75000
资本公积	175000
银行存款	500

2. 固定资产减少的核算

酒店餐饮业处置固定资产的方式很多，但常见的主要有出售、报废、毁损、对外投资、经营性租出等，下面主要介绍这几种方式。

（1）出售、报废和毁损的固定资产的核算。出售、报废、已毁坏的固定资产账面，贷记"固定资产"科目，借记"累计折旧"科目，按照两者差额，借记"固定资产清理"科目。

【例】酒店报废一台空调，账面记录原价为 50000 元，已提的折旧费为 22500 元，则会计分录如下：

借：固定资产清理	27500	
累计折旧	22500	
贷：固定资产——空调		50000

（2）投资转出固定资产。

【例】甲宾馆用一件设备作价向乙酒店投资，设备原价记录为 100000 元，已提折旧 30000 元，会计分录如下：

借：长期投资	70000	
累计折旧	30000	
贷：固定资产		100000

（3）固定资产盘亏。酒店的固定资产盘亏，通过"待处理财产损溢——待处理固定资产损溢"账户进行核算。

【例】酒店在清查财产时发现，实际使用的紫檀木桌椅比账单上少一张，原价为 18000 元，已提折旧 14000 元，失踪原因尚未查明，会计分录如下：

借：待处理财产损溢——待处理固定资产损溢		
	4000	
累计折旧	14000	
贷：固定资产——紫檀木桌椅		18000

第六章 酒店负债与所有者权益的核算

第一节 负债与所有者权益的概述

本节关键词：

负债、所有者权益

本节内容提要：

（1）了解负债的概述。

（2）了解所有者权益的概述。

债权人和所有者是酒店必不可少的，两者都对酒店注入资金，但又有着本质的区别。

一、负债的概述

1. 负债的定义

根据《企业会计准则》第 34 条规定：负债是企业所承担的能以货币计量，需以资产或劳务偿付的债务。而国际会计准则委员会的定义为：负债是指企业过去的交易或事项形成的、预期会导致经济利益流出企业的现时义务。

负债是由企业过去的交易事项引起企业承诺偿付的债务。它代表企业偿债责任和债权人对资产的求索权。

2. 负债的分类

根据偿还速度和时间的长短划分为流动负债和长期负债两类。

流动负债指在一年或超过一年的一个营业周期内偿还债务。主要包括短期借款、应付票据、预收账款、应付职工薪酬、应交税费、应付股利、其他应付款等。

长期债务指偿还期在一年或超过一年的一个营业周期以上的债务，包括长期借款、应付债券、长期应付款等。

简单来讲，资产相当于放入口袋的东西，负债就是把口袋里的东西掏出来。

负债具有以下基本特征：

（1）负债是由过去的交易事项产生的经济业务，是已经完成的经济业务。假如企业购进原材料但是还未付款，这时，企业就有偿付货款的业务了。企业有两种情况：一种是肯定的负债；另一种是可能债务，例如利润分配过程结束的未付利润。在交易和事项还没有发生之前，负债是不成立的。

（2）负债是企业必须履行的经济责任。一般过去的交易事项都会签订合同、协议作为约束条件，企业就必须担任经济责任。这种经济责任有期限，假使企业不能用支付资产或劳务方式解决，可以用举新债还旧债的方式处理，这也表示企业负债的清偿以牺牲企业的经济利益为代价。

二、所有者权益的概述

1. 所有者权益的定义

所有者权益是指企业投资者对资产扣除负债后所有者享有的剩余权益，即企业净资产的所有权，其中包括投入资金及留存收益。

会计方程式为：资产－负债＝净资产＝所有者权益。

酒店所有者权益的必要性：反映酒店经济形势的多样化，投资主体多元化；有助于制定企业破产的界限，正确处理国家和企业的财务关系，能够更好地保障债权人的利益；有助于酒店进行筹资管理。

2. 所有者权益的构成

所有者权益由实收资本、资本公积、盈余公积和未分配利润四部分构成。

（1）实收资本：企业的投资者按照合同的约定，实际投入企业的资本。一般情况下无须偿还，可以长期周转使用。

（2）资本公积：企业在经营过程中由于一系列的原因所形成的公积金，例如接受馈赠、股本溢价等。资本公积与企业收益无关，而与资本有关。

（3）盈余公积：企业按照规定从实现的利润中提取各种积累资金。

（4）未分配利润：企业的未分配利润，是指企业实现的净利润经过弥补亏损、提取盈余公积和向投资者分配利润后留存在企业的、历年结存的利润。

3. 所有者权益的特征

（1）所有者权益是企业投资人对企业净资产的所有权。包括所有者对投入资产的所有权、使用权、处置权和收益分配权。但所有者权益是一种剩余权益，只有负债的要求权得到清偿后，所有者权益才能够被清偿。它受到总资产和总负债变动的影响而发生增减变动。

（2）所有者权益包含所有者以其出资额的比例分享企业利润。与此同时，所有者也必须以其出资额承担企业的经营风险。

（3）所有者权益还意味着所有者有法定的管理企业和委托他人管理企业的权利，但这种权利来自投资者投入的可供企业长期使用的资源。

（4）所有者权益具有长期性。所有者权益作为剩余权益，并不存在确切的、约定的偿付期限。

（5）所有者权益计量的间接性。所有者权益除了投资者投入资本能够直接计量外，在企业存续期内任一时点都不是直接计量的，而是通过计量资产和负债来间接计量的。

4. 所有者权益与债权人权益的区别

债权人权益和所有者权益均反映企业的资金来源，但是两者有着本质的区别。

债权人权益是负债，所有者权益是所有者投入的资金。两者的区别主要表现在以下方面：

（1）性质不同。债权人和企业的关系是债权债务，到期之后可以收回本金和利息；而所有者权益只有对企业净资产的求偿权、盈余的要求权，没有明确的偿还期限。

（2）责任不同。所有者权益与企业共存亡，债权人只是偿还本金和利息，没有企业的经营管理权和收益分配权，所有者不仅有管理企业的权力，还有委托他人管理的权力。

（3）风险收益不同。债权人有明确的偿还日期和利率，所以风险较小，相对得到的收益也少；所有者投入的资本，是不能抽走的，无论企业的经营状况如何，因此风险比较大，但收益较高。

（4）计量不同。债权人可以单独计量，但是所有者不能直接计量，只能通过资产和负债间接计量。

第二节　流动负债的核算

本节关键词：

流动负债、核算、内容

本节内容提要：

（1）了解流动负债的概述。

（2）了解流动负债的核算。

由于商品经济的迅速发展，国家和企业达成共识，实行负债经营，所以各种负债形式大量出现。

一、流动负债的概述

1. 流动负债的定义

流动负债是指在一份资产负债表中，一年内或者超过一年的一个营业周期内需要偿还的债务合计（除了用资产、提供劳务偿还外，还可以举借新的负债来清偿）。

2. 流动负债的组成

流动负债主要包括短期借款、应付票据、应付账款、预收账款、应付工资、应付福利费、应付股利、应交税金、其他暂收应付款项、预提费用和一年内到期的长期借款等。

流动负债的主要特征：①流动负债的金额一般比较小；②流动负债的到期日在一年或一个营业周期以内，偿还期限短；③偿还方式灵活多变。

流动负债的特点：①流动性强，使用的时间短，转换速度快；②成本低，短期借款的利率远远低于长期借款的利率；③风险较高，由于商品经济利率的波动较大，过多的短期负债会形成压力，甚至导致企业破产。

二、流动负债的核算

流动负债的核算主要包括以下几种：

1. 对短期借款的核算

短期借款是指企业向银行或其他金融机构等借入的期限在一年以下（包含一年）的各种借款。短期借款的核算主要涉及取得短期借款的处理、短期借款利息的处理和归还短期借款。如果利息在借款到期连同本金一起支付，数额较大，采用预提的方式，按月预提记入当期损益；如果利息连同本金一起归还且数额不大，可直接作为财务费用计入当期损益。

（1）取得借款时：

借：银行存款

贷：短期借款——临时借款

（2）第1个月、第2个月两月按月预提借款利息时：

借：财务费用——利息

　　贷：预提费用——预提利息

（3）第3个月到期付给本息时：

借：短期借款——临时借款

　　财务费用——利息（第3个月利息）

　　预提费用——预提利息（第1个月、第2个月两月预提利息）

　　贷：银行存款

2. 对应付票据的核算

应付票据是指企业购买材料、商品或接受劳务供应等而开出、承兑的商业汇票，包括商业承兑汇票和银行承兑汇票。

3. 对应付及预收账款的核算

应付及预收账款包括应付账款、预收账款、其他应付款等。应付账款是指企业因购买商品或接受劳务供应等而应付给供应单位的款项。预收账款是指企业按照合同规定向购货单位预收的款项。其他应付款是指应付、暂收其他单位或个人款项等。

【例】某酒店从国外进口设备一台，价格10000美元，合同规定接单后1个月付款，接到单据时美元汇率为8.30元，到期向外汇银行购汇时汇率为8.50元，月底汇率不动。会计分录如下。

（1）接到单据时：

借：固定资产　　　　　　　　　　　　83000

　　贷：应付账款——应付外汇账款　　　　　　　83000

（2）到期付款时：

借：应付账款——应付外汇账款　　　　85000

　　贷：银行存款　　　　　　　　　　　　　　　85000

（3）结转汇兑损益时：

借：汇兑损益——汇兑损失　　　　　　2000

　　贷：应付账款——应付外汇账款　　　　　　　　2000

　　4. 对应付工资及应付福利费的核算

　　工资是企业支付给职工的报酬，是企业生产经营活动中消耗的劳动价值，其中包括标准工资、工资性津贴和补贴以及各种奖金。职工福利费一般按照工资总额的 14%提取，主要用于职工医药费、生活困难补助费、医务经费等。

　　5. 对预提费用的核算

　　预提费用是指企业根据权责发生制的原则，对于应由本期负担但实际尚未支付的费用，需要采取预提的方式计入本期费用，如预提借款利息和预提的固定资产大额修理费用的支出等。

　　商业企业预提的费用应设置"预提费用"账户核算。按规定预提时记入贷方，实际支付时记入借方。其余额在贷方，表示已经提取但尚未支付的数额，明细账按费用种类分户。其账务处理如下：

　　企业预提计入本期费用的数额，借记"管理费用"、"财务费用"等账户，贷记"预提费用"账户；实际支付费用时，借记"预提费用"账户，贷记"银行存款"或"材料物资"等账户。实际支出数与已预提数的差额，应计入本期实际支出的成本，实际支出数大于已预提数的数额较大时，应视同待摊费用，分期摊入成本。

　　6. 对应交税金、应付利润的核算

　　应交税费是指企业在生产经营过程中产生的应向国家缴纳的各种税费。主要包括增值税、消费税、营业税等。

　　应交税金是指企业按照规定应缴纳的各种税金，包括增值税、消费税、营业税、所得税、进出口关税等，但不包括印花税等不应计的税收。应付利润是指企业应付给投资者的利润，包括应付给国家、其他单位及个人的投资利润及应支付的合作项目的利润。其他应交款是指企业除应交税金、应付利润以外的其他各种应上交的款项，包括教育费附加等。

　　企业的应交税金、应付利润和其他应交款等会计事项应分别设立"应交税金"、"应付利润"和"其他应交款"账户。企业计算出应缴纳的各种税金、利润及其他应交款时记入"应交税金"、"应付利润"或"其他应交款"账户的贷方，缴纳各种税金、利润及其他应交款时记入借方。各账户的借方余额为多交的税金、利润及其他应交款，贷方余额为未交的款项。各账户的明细账应按应交款的种类或对象设置。

第三节　长期负债的核算

本节关键词：

长期负债、债券、核算

本节内容提要：

（1）了解长期负债的概述。

（2）了解长期负债的分类。

负债是指过去的交易、事项形成的现实义务，必须用货币、物品、提供劳务或者再负债等债权人可以接受的形式偿还。酒店负债包括长期负债和流动负债。

一、长期负债的概述

长期负债是指偿还期限在一年以上或超过一年的一个营业周期以上的债务。

长期负债包括长期借款、应付债券和长期应付款。酒店的长期借款一般用于基本建设投资，借款期限在一年以上，十年以内。应付债款指的是发行债券所形成的债务。企业要发行债券必须经过有关部门的批准，委托有关机构发行。债券的期限为三年或五年不等。长期应付款主要是指融资租赁的应付款和其他长期应付款。

长期负债具有偿还期限较长、债务的金额较大、可采用分期偿还的方式进行偿还等特点。适当的长期负债会给企业带来财务杠杆利益，但其财务风险大，如使用不好，就会导致企业亏损，甚至破产。

所以说企业负债经营是商品经济发展的必然结果。由于商品生产、货币结算等因素会造成企业某个时期货币资金不足，同时其他的企业或者个人有闲置的资金，缺少资金的企业为解决需求同意支付一定的报酬。因此，由金融机构充当中介是势在必行的。

二、长期负债的分类

1. 长期借款

酒店的长期借款多用于酒店房屋的购建、扩建改造等方面。酒店向银行借款，必须提供营业执照、董事会的借款协议和有关部门的批准文件，还必须有抵押文件和担保人提供的担保文件。酒店向银行借款需签订借款协议，内容包括借款用途、金额、期限、利率、还款时间、方式及违约处罚规定等。

借款的基本程序：①召开董事会，拟定借款协议；②向有关部门申报并得到认可；③选择担保人；④确定借款谈判人选和律师；⑤签订借款协议和担保协议。

（1）借款的内容和计算方式。借款人贷款时除了支付利息以外，还要支付一些其他的费用，如谈判中发生的一系列的款项、谈判费、担保费等费用。

1）利息。利息的高低不仅取决于借款金额，还取决于利率的高低。计算利息的方法有两种：一种是按固定利率计算；另一种是按浮动利率计算。

2）谈判费。在谈判过程中支出的费用，包括律师费、差旅费、办公费等。

3）担保费。担保费指的是借款人向担保人支付的费用。收费比率一般不超过 3%，优惠率不超过 1%。

（2）长期借款的核算。企业为核算长期借款，在"长期借款"账户下按债权人设明细账。长期借款的本金和利息以及外币折合差额都计入"长期借款"科目，资产负债表上的长期借款项目反映的是企业尚未偿还的长期借款本金及其利息。

在提款期间所发生的提款以及支付各项费用的核算：提款期指从借款协

议生效开始到全部借款提完为止这一期间。一般长期借款的提款期限与企业的建设期是一致的。

还款期间还本付息的核算：提款期结束以后（除非协议另有规定），自动进入还款期，归还借款本金。支付的费用有偿还本金和利息、担保费用。

2. 应付债券

债券是指企业为筹集长期使用资金而发行的偿还期限在一年以上的企业债券。发行债券必须经过国家有关部门的批准，这是企业融资的一种重要的形式。

债券的种类：第一种是普通债券，到期还付本息；第二种是可转换公司债券；第三种是附有赎回选择权的可转换公司债券。债券的付息方式也有两种：一种是债券到期，一次性还本付息，期限较短；另一种就是每年付息一次，到期后按照债券面值和最后一年的利息偿还给债券的持有者，期限较长。

债券的发行价格：指的是债券面值是等值发行，也按高于或低于面值的价格发行。债券高于面值的价格发行称为溢价发行，低于面值的价格发行称为折价发行。

债券溢价发行或折价发行有两种摊销方式，一种是平均分摊法，另一种是实际利率法。

企业建立"应付债券"账户，设有"债券面值"、"债券折价"、"债券溢价"和"应付利息"等明细账，对债券进行明细核算。无论企业以何种方式发行债券，应付债券均应以实际收到的款项入账。在债券的存续期内，一方面，应计提到期还本付息的债券利息或支付分期付息到期还本的债券利息；另一方面，应对债券溢价或折价进行摊销，这些摊销实际上是对债券利息费用的一种调整。资产负债表上的"应付债券"项目所反映的是企业发行在外的长期债券以及应付的利息。

3. 长期应付款

长期应付款是指企业采用除长期借款和应付债券以外的其他长期负债方式，例如采用补偿贸易方式下引进国外设备价款、应付融资租入固定资产的租赁费。

长期应付款包括两方面内容：一是补偿贸易引进设备应付款；二是融资租入固定资产应付款。

企业设立"长期应付款"账户，根据长期应付款的种类设置明细账户，贷方登记发生的应付款、借方登记归回应付款，以方便明细核查。

其中，贷方登记发生的应付款包括应付补偿贸易补偿登记引进设备款及其应付利息、应付融资租入固定资产的租赁费等；借方登记长期应付款的归还数；期末余额在贷方，表示尚未支付的各种长期应付款。期末贷方余额反映保险公司尚未偿付的各种长期应付款。

第四节　酒店投入资本与公积金的核算

本节关键词：

投入资本、公积金、核算

本节内容提要：

（1）了解酒店投入资本的概述。

（2）了解公积金的概述。

酒店投入资本才能保障酒店正常运行，公积金是随着利润的变化而衍生出来的。

一、酒店投入资本的概述

1. 酒店投入资本的概念

酒店投入资本是酒店投资者实际投入酒店经营活动的各类财产物资。

酒店投入资本是酒店所有者权益构成的主体，是酒店注册成立的基本条件之一，也是酒店正常运行所必需的资金，是承担民事责任的财力保证。

2. 酒店投入资本的来源

（1）国家投入资本。政府及其主管部门无偿拨款、信用、负债用减免税等形式投入酒店资本。国家投入资本必须经过相应国有资产管理部门核准。

（2）法人投入资本。具有法人资格的经济实体以各种形式对酒店进行投资。

（3）个人投入资本。我国公民对酒店投入的资本。公民持有合法的资金向酒店投入。

（4）外方投入资本。除我国以外的经济单位或个人向酒店投入的资金。

3. 酒店投入资本的形式

（1）货币投入。投资者用现金的方式向酒店投资。

（2）实物投资。投资者用固定资产、流动资产等实物以抵价入股的方式向酒店投资。

（3）无形资产。投资者用专利、商标、技术等无形资产作价向酒店投资。

法人和投资者以这三种方式为主，国家投资人除了使用这三种方式外，还可以使用无偿拨款、信用、负债用免税等形式进行投资。

4. 酒店投入资本的计价方法

酒店投入资本的基本计价原则：除股份制酒店外，所有酒店投入资本必须按照实际投入数额入账。

（1）投资者用货币进行投资，以酒店实际收到货币金额作为记账依据。

（2）投资者用固定资产、设备等实物进行投资，按照评估机构给出的有法律效力的价格作为酒店记账的依据。

（3）用无形资产投资时，必须以双方协商的结果作为企业记账的依据。

无论哪一方进行什么样的投资，投入的资本都要按照实际投资数额记入"银行存款"、"固定资产"、"无形资产"等账户。

5. 酒店投入资本的核算

酒店根据投资的不同形式，核算方法如下：

（1）货币投资的核算，按照实收数额，作如下会计分录：

借：银行存款或现金　　　　　×××

　　贷：实收资本　　　　　　　　　　×××

　　实物资产投资，按照投资协议或会计师事务所的资产评估报告所给的确定数据，作如下会计分录：

　　1）如果投入的是固定资产，作如下会计分录：

　　借：固定资产　　　　　　　　　　×××

　　　　贷：实收资本　　　　　　　　　　　×××

　　　　　　累计折旧　　　　　　　　　　　×××

　　【例】某酒店国家投资方用一辆货车作为投资的一部分，原始账面价值为100000元，其重置价格为80000元，作如下会计分录：

　　借：固定资产——运输工具　　100000

　　　　贷：实收资本——国家投资　　　　80000

　　　　　　累计折旧　　　　　　　　　　20000

　　2）如果投入的是流动资产，例如原材料，则作如下会计分录：

　　借：原材料　　　　　　　　　　×××

　　　　贷：实收资本　　　　　　　　　　×××

　　（2）无形资产投资的核算，投资双方确定资产价值或会计师事务所评估核算得出的数额，作如下会计分录：

　　借：无形资产　　　　　　　　　　×××

　　　　贷：实收资本　　　　　　　　　　×××

　　【例】某省旅游局以所拥有的土地使用权作价投资，经会计师事务所评估，作价600000元，作如下会计分录：

　　借：无形资产——土地使用权　600000

　　　　贷：实收资本　　　　　　　　　600000

二、公积金的概述

　　酒店所有者在投入资本时，有一些项目不能记录在"实收资本"中，例如资本溢价、法定财产重估增值等，这些项目构成了酒店的资本公积金。

1. 资本溢价

资本溢价的原因是酒店经营一段时间后，有新的投资者加入，就涉及资本溢价，后期的投资者与最初的投资者的条件不一样。相同数量的投资，由于时间不同，对酒店的影响也不同，因而带给投资者的权力也不同。

酒店在经营过程中有一部分利润没有分配，属于所有者投资，这一部分收益属于原来的投资者，即原投资者的权益质量和数量都发生了变化。

新增投资者的资本，记入"实收资本"的部分等于按其投资比例计算的出资额，大于实收资本的部分记入"资本公积"账户。

【例】某酒店由最初的四位股东各出资 100000 元建设，实收资本为 400000 元。经过几年的经营，未分配的利润有 150000 元，这时，第五位投资者有意加入，并愿出资 180000 元。仅占该酒店 20% 的股份。会计分录如下：

借：银行存款　　　　　　　　180000

　　贷：实收资本　　　　　　　　　　100000

　　　　资本公积　　　　　　　　　　　80000

2. 法定财产重估增值

法定财产重估增值指的是酒店的财产经过法定资产评估机构评估确认的价值大于资产原账面价值的差额。其中，法定财产包括酒店所有的资产。在现行法规中有明确规定：对企业的财产进行评估至少有两种情况：国有资产产权变动；企业进行股份制改造试点。

资产评估确认价值或者双方约定价值与原账面净值的差额应记入"资本公积"账户，借记有关资产账户，贷记"资本公积——法定财产重估增值"账户。

【例】某酒店进行股份改造，原来的固定资产金额为 150000 元，经会计师事务所评估后，固定资产增值到 450000 元。

酒店会计分录如下：

借：固定资产　　　　　　　　450000

　　贷：资本公积金——法定财产增值　450000

3. 接受捐赠资产

接受捐赠资产是政府、单位或个人赠予企业的资产。捐赠人赠予企业资产也是对企业的一种投资。

接受捐赠资产，财会部门按市场价和资产新旧程度入账，并计入资产价值。

【例】酒店接受顾客 50000 元的面包车，重置成本为 20000 元，期间发生的一系列费用为 5000 元。会计分录如下：

借：固定资产　　　　　　　　55000

　　贷：资金公积金　　　　　　　　21000

　　　　累计折旧　　　　　　　　　34000

第五节　股票发行与留存收益的核算

本节关键词：

股票、留存收益、发行、核算

本节内容提要：

（1）了解股票的概述。

（2）了解股票的核算。

（3）了解留存收益的概述与核算。

酒店的股票发行是新设立的，和留存收益一样，目的是筹集资金。

一、股票的概述

1. 股票的概念

股票是股份有限公司发行的所有权凭证，是一种有价证券。股票的发行和转让是公司产权的形成和转让。

股票和股份有限公司是统一的整体。股份制经企业生产经营权利划分，更有利于企业的发展。

2. 股票的分类

根据股东的权力不同，股票分为普通股和优先股。

普通股就是企业的基本股票，股价的高低取决于公司的经营状况。

优先股，顾名思义比普通股有优先权。公司分配利润时，优先股的股东可以优先得到股息；对公司剩余财产有优先权等。

酒店发行股票的价格有三种情况：第一种是平价发行，即按股票面值发行；第二种是折价发行，即以低于股票的价格发行；第三种是溢价发行，即以高于股票面值的价格发行。但目前有关规定表明，企业不得以低于股票面值的价格发行股票。

酒店股份是新设立的，是对原有酒店进行股份改造后设立的。经国家相关部门批准后才能发行股票。酒店股份常采用定性募集和社会募集两种方式。

二、股票的核算

通过所有者权益（或股东权益类账户）和试验发行股票的面值金额，分设"普通股股本"和"优先股股本"账户，反映股本金额，在账户下设置明细账。在账户中记录股本总额、股本总数、每股面值。

公式为：股本总额＝已发行股数×股票面值。

1. 按面值发行普通股

【例】酒店发行普通股 4000000 股，每股金额为 1 元，支付发行费 100000 元。

则收到股金：

借：银行存款   4000000

  贷：普通股股本   4000000

支付发行费 100000 元：

借：待摊费用   100000

　　　　贷：银行存款　　　　　　　　　　　　　　100000

　　2. 按溢价发行普通股

　　【例】酒店发行普通股 300000 股，每股面值 1 元。发行时每股 3 元。支付发行费 50000 元。

　　则发行股票，收到股金 900000 元。

　　借：银行存款　　　　　　　　900000

　　　　贷：普通股股本　　　　　　　　　　300000

　　　　　　资本公积金——普通股溢价　　　600000

支付发行费 50000 元：

　　借：资本公积金——普通股溢价　　50000

　　　　贷：银行存款　　　　　　　　　　　50000

三、留存收益的概述与核算

　　1. 留存收益的概述

　　留存收益指的是酒店从历年实现的利润中提取没有分配给所有者而留在酒店的盈利。包括盈余公积金和未分配利润两部分。

　　酒店扩大经营会在原来的投资上追加，一些特殊的目的将一部分利润留下不作分配，留下的利润和酒店的所有者投资的属性是一样的，都属于所有者权益，统称为留存收益。

　　盈余公积是指企业按照规定从净利润中提取的积累资金，包括法定盈余公积、任意盈余公积和法定公益金等。公积金主要用于弥补亏损、增加股本、分股利息、职工福利设施。

　　未分配利润是指企业实现的净利润经过弥补亏损、提取盈余公积和向投资者分配利润后留存在企业的、历年结存的利润。是企业所有者权益的组成部分。

　　2. 留存收益的核算

　　留存收益的核算包括盈余公积的核算和未分配利润的核算。

（1）盈余公积的核算。酒店设置"盈余公积"项目，并设有"法定盈余公积"、"任意盈余公积"和"法定公益金"三个明细科目，进行核算。在核算时注意分清盈余公积的占用形态，分清和公益金的界限。

企业按规定提取盈余公积时，按提取盈余公积的数额，作如下会计分录：

借：利润分配——提取盈余公积

　　贷：盈余公积——一般盈余公积

企业按规定提取公益金时，按提取公益金的数额，作如下会计分录：

借：利润分配——提取盈余公积

　　贷：盈余公积——公益金

企业将提取的公益金用于集体福利设施支出时，作如下会计分录：

借：盈余公积——公益金

　　贷：盈余公积——一般盈余公积

企业用盈余公积弥补亏损时，按适当期弥补亏损的数额，作如下会计分录：

借：盈余公积——一般盈余公积

　　贷：利润分配——盈余公积转入

企业用提取的盈余公积转增资本时，按照批准的转增资本数额，作如下会计分录：

借：盈余公积——一般盈余公积

　　贷：实收资本或股本

【例】酒店年底进行利润分配，税后利润为1500000元，应提取的法定盈余公积金为200000元，公益金为60000元，任意盈余公积金为15000元。会计分录如下：

借：利润分配——提取盈余公积　　　　275000

　　贷：盈余公积——法定盈余公积金　　　　200000

　　　　　　　　——公益金　　　　　　　　60000

　　　　　　　　——任意盈余公积金　　　　15000

（2）未分配利润的核算。酒店设置"利润分配"科目，专门设有"未分配利润"明细账户。

如企业当年实现盈利，按净利润数额作如下会计分录：

借：本年利润

　　贷：利润分配——未分配利润

如果是净亏损，则按净损失做相反分录。

【例】明珠酒店在 1999 年亏损 5000000 元，年终的会计分录如下：

借：利润分配——未分配利润　　　　5000000

　　贷：本年利润　　　　　　　　　　　　5000000

3. 留存收益的筹资途径

（1）提取盈余公积金。盈余公积金是指有指定用途的留存净利润。盈余公积金是从当期企业净利润中提取的积累资金，其提取基数是本年度的净利润。盈余公积金主要用于企业未来的经营发展，经投资者审议后也可以用于转增股本（实收资本）和弥补以前年度经营亏损，但不得用于以后年度的对外利润分配。

（2）未分配利润。未分配利润是指未限定用途的留存净利润。未分配利润有两层含义：①这部分净利润本年没有分配给公司的股东投资者；②这部分净利润未指定用途，可以用于企业未来的经营发展、转增资本（实收资本）、弥补以前年度的经营亏损及以后年度的利润分配。

第七章 酒店财务预算与酒店解散

第一节 酒店预算的概述

本节关键词：

酒店预算、种类、编制

本节内容提要：

（1）了解酒店预算的概念。

（2）了解酒店预算的种类。

（3）了解酒店预算的模式。

（4）了解酒店预算管理的组织机构和原则。

酒店预算是计划也是一种预测手段，它还涉及有计划地巧妙处理所有的变量，这些变量决定着酒店未来努力达到某一有利地位的绩效。

一、酒店预算的概念

预算中的"预"指的就是预先、预测，"算"指的就是测算、计算。预算是运用货币及其数量形式反映企业未来一段时期内，全部经营活动各项目标的行动计划与相应措施的数量说明。财务预算是从价值方面总括地反映经营期的决策预算与业务预算的结果。

二、酒店财务预算的种类

从预算所涵盖的内容范围来看，主要分为经营预算、资本预算和财务预算。

1. 经营预算

经营预算又称日常业务预算，是指与企业日常经营活动直接相关的经营业务的各种预算，具体包括销售预算、生产预算、直接材料消耗及采购预算、直接工资及其他直接支出预算、制造费用预算、产品生产成本预算、经营及管理费用预算等，这些预算前后衔接，既有实物量指标，又有价值量和时间量指标。

2. 资本预算

资本预算又称特种决策预算，最能直接体现决策的结果，它实际是中选方案的进一步规划。如资本投资预算是长期投资计划的反映，它是为规划投资所需资金并控制其支出而编制的预算，主要包括与投资相关的现金支付进度与数量计划，综合表现为各投资年度的现金收支预计表。

3. 财务预算

财务预算作为预算体系中的最后环节，可以从价值方面总括地反映经营期资本预算与业务预算的结果，亦称为总预算，其余预算则相应称为辅助预算或分预算。财务预算在预算管理体系中占有举足轻重的地位，它主要包括现金预算、利润表预算和资产负债表预算。

（1）现金预算。现金预算一般由现金收入、现金支出、现金多余或不足及资金的筹集与运用四个部分组成。它反映了各预算期的收入款项和支出款项。其目的在于资金不足时筹措资金，资金多余时及时处理现金余额，发挥现金管理的作用。

（2）利润表预算。在各项营业预算、资本预算的基础上，根据企业会计准则，可以编制相应的利润表预算。利润表预算与实际利润表的内容、格式相同，只不过数据是面向预算期的。通过编制利润表预算，可以了解企业预期的盈利水平，从而可以帮助管理层及时调整经营策略。

（3）资产负债表预算。资产负债表预算是利用本期期初资产负债表，根据各项营业预算、资本预算、利润表预算的有关数据加以调整编制的，与实际的资产负债表内容、格式相同，只不过其数据反映的是期末预期的财务状况。

从预算编制的主体来看，主要分为部门预算和总预算。

部门预算是以企业各分支机构、部门、单位等职能部门为主体，或按不同的业务类别等编制的预算，也就是指总体预算中的各个组成部分。

总预算是指将各个部门预算进行汇总所形成的企业整体预算，这种预算通常由财务预算构成，具体包括负债表预算、利润表预算等。

从预算所涵盖的时间范围来看，主要分为短期预算和长期预算。

（1）短期预算。短期预算主要是指预算期间在一年以内的预算，又称年度预算。年度预算制度往往从上一年度开始，公司要对计划销售的各种产品的产量、价格以及相应的成本和需要筹集的资金情况制定详细的计划，并将这些计划以预算的形式落实为各个责任中心的经营目标。在短期预算的制定过程中，需要管理人员对未来一年内的有关要素加以预期，并注意各要素之间的衔接。一般来说，短期预算又可以分为经营业务预算、财务预算等。

（2）长期预算。长期预算是指预算期间超过一年的预算，是对超过一年的投资和运营所进行的预算。长期预算是公司制定战略性计划过程的一个关键内容。战略性计划主要解决的问题是选择企业的总体目标和实现这一目标的具体方式，如进入哪个市场、生产何种产品，采用什么样的价位和包装等。长期预算主要包括实施公司战略应进行的研发预算、筹资预算和经营扩张所需的资本投资预算等。

长期预算与短期预算相比，不仅仅是编制时间上的差异，在内容和精细程度上也存在差异。短期预算的关键在于对数量和价格的预测，每个部门都必须接受这些关键性的假设，一般来说较为精细，可作为日常营运的控制标准；而在长期预算中，关键的预算假设主要涉及应进军哪一个市场以及应获取何种技术的问题，它是对公司未来进行的财务整体规划，因此相对来说不需要特别精细。通常情况下，短期预算和长期预算的制定可以合并为一个过程，具体操作中长期预算可以采用滚动方式和年度预算相结合的方法。

三、酒店预算的模式

酒店的预算模式有自上而下、自下而上和参与制三种。

（1）自上而下编制模式是指预算由最高管理层进行具体编制和下达，分部不参与预算编制，只是预算执行主体。这种预算模式只适用于规模较小、经营单一的集友型管理模式的酒店。

（2）自下而上的编制模式是从基层开始，由基层提出成本费用控制指标、收入利润完成指标，逐级汇总形成整个企业收入、利润总目标。这种预算编制模式一般只适用于集团资本型控股母公司，对其有独立法人地位的控股子公司进行预算时采用。

（3）参与制预算是自上而下与自下而上组合的预算编制模式。这种预算编制模式最普遍。

四、酒店预算管理的组织机构和原则

酒店预算委员会定期进行事前培训，培养管理者的酒店预算和经济意识，特别强调在酒店预算编制过程中应注意的问题，也就是要遵循酒店预算编制的各项原则。

（1）各部门参与的全面原则：酒店预算涉及客房、餐饮、商务中心、康乐部等营运部门，还有行政部、销售部等，酒店的预算不能由财务部全权代劳，必须由各个部门发言，说明各项收入的来龙去脉。只有酒店的全体成员参与酒店预算的编制，才能使酒店预算更加切实可行，预算的基础更加坚固。

（2）统筹兼顾，实事求是，综合平衡。编制酒店预算之前要对企业内外部环境进行全面的预测，例如内部环境包括酒店的销售策略、各项促销活动等；外部环境包括外汇汇率的波动、国家出台的法律法规等政治经济因素。因此酒店要统筹兼备，使酒店预算具备客观性、真实性。

（3）酒店预算的指标分解，责任落实。酒店预算指标经过批准后落实到每个部门，各部门具体细分到每个员工的身上。管理者每日关注指标完成情况，发现异常，分析原因，制定措施，进行弥补。

第二节　酒店日常预算的编制

本节关键词：

酒店经营预算、经营预算的公式

本节内容提要：

（1）了解酒店编制预算的概念。

（2）了解编制酒店日常预算的步骤。

（3）了解酒店日常经营预算的公式。

（4）了解酒店日常预算的编制。

酒店日常预算可以明确酒店的经营目标，使各部门相互协作。酒店的日常预算对提高酒店整体运营效率有十分重要的意义。

一、酒店经营预算的概念

经营预算（Operational Budget）是指企业日常发生的各项活动的预算，所以又称为日常预算。它主要包括销售预算、生产预算、直接材料采购预算、直接人工预算、制造费用预算、单位生产成本预算、推销及管理费用预算等。

经营预算中最基本和最关键的是销售预算，它是销售预测正式的、详细的说明。由于销售预测是计划的基础，加之企业主要是靠销售产品和提供劳务所获得的收入维持经营费用的支出并获利的，因而销售预算也就成为预算控制的基础。

生产预算是根据销售预算中的预计销售量，按产品品种、数量分别编制的。生产预算编好后，还应根据分季度的预计销售量，经过对生产能力的平衡排出分季度的生产进度日程表，或称为生产计划大纲，在生产预算和生产进度日程表的基础上，可以编制直接材料采购预算、直接人工预算和制造费用预算。这三项预算构成对企业生产成本的统计。

而推销及管理费用预算包括制造业务范围以外预计发生的各种费用明细项目，例如销售费用、广告费、运输费等。对于实行标准成本控制的企业，还需要编制单位生产成本预算。

二、制定酒店日常预算的步骤

（1）成立预算小组，由酒店的总经理、财务经理和主要经营部门经理组成。

（2）营销部首先要了解下年世界整体经济发展趋势和国家的专门机构对下年 GDP 和 CPI 等主要经济指标的预测。其次根据旅游局的年鉴对下年各类大型活动的举办计划和会展中心全年的大型会展活动进行客流预测，同时对酒店主要的协议大客户进行走访，了解他们下年公司的主要会议和商务接待等，综合上述预测，做出酒店下年的客源接待预测和市场分析。

（3）财务部提供前三年的各项实际经营和费用数据，各部门经理参照这些数据和上年的预算表进行对比分析，找出实际发生的各项费用和预算表中的差距原因，制定下年的预算表时要充分考虑"差距"等因素，尽可能在下年的预算表中切合实际地缩小"差距"。

（4）在财务部的指导协作下，各部门根据营销部提供的下年市场分析，做出下年的经营指标预测，通常经营指标可根据酒店的发展势头，相对往年的经营指标做出 5%~12% 的提升（数据提升的前提是必须寻找到经济增长点）。

（5）完成了经营指标的预测后，财务部协同各经营部门根据经营指标对经营成本、经营所需的工资、经营综合费用、能耗费用、税金、技改费用、递延资产分摊、固定资产折旧等做出经营费用预算。

（6）根据设定的经营指标，将每月和每一季度的指标进行分解，并做出相应的经营措施和计划。

（7）各部门完成日常预算的初表，由预算小组反复进行论证，检验预算表的实际性、合理性，财务总监和总经理签字确认生效后，财务部门整理制定预算合成总表。

（8）预算表是下年经营数据参照的主要目标和考核的主要指标，也是下年各项费用支出的主要凭据，因此，全年的经营工作要在总经理的带领和财务总监的监督下，严格执行经营预算表。

三、经营预算的公式

1. 销售预算

预算期收回的现金收入=预算期收回的上期赊销的应收账款+预算期销售本期收回的现金

2. 生产预算

预计生产量=预计销售量+预计期末存货-预计期初存货

3. 直接材料预算

预算期生产耗用数量=预算期产品生产量×单位产品材料用量

预算期采购数量=预算期生产耗用数量+期末存量-期初存量

预算期支付直接材料的现金支出=预算期支付上期赊购的应付账款+预算期支付本期购买材料现金直接人工预算

4. 制造费用预算

制造费用的现金支出=变动制造费用+固定制造费用-折旧=生产量×单位产品的标准工时×变动制造费用小时费用率+固定制造费用-折旧=生产量×单位产品的标准工时×变动制造费用小时费用率+管理人员工资

5. 产品成本预算

销售成本=年初存货成本+生产成本-年末存货成本

6. 销售及管理费用预算

销售及管理费用=销售费用+管理费用-折旧等未付现费用

四、酒店日常预算的编制

1. 客房部营业收入预算编制

客房部营业收入的预算要结合可供出租客房预计出租率、预算其营业天数等因素进行综合考虑。因为客房的档次和规格不同，对不同类型的客房分类进行预算，再进行汇总。计算公式为：

客房部预算营业收入=可供客房出租数×预计出租率×预计房价×预计折扣率×预计营业天数

客房营业收入及影响关系如图 7-1 所示。

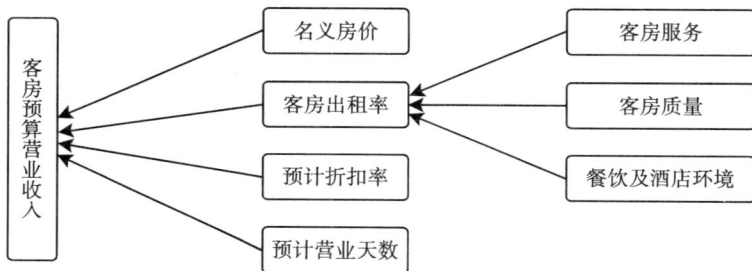

图 7-1　客房营业收入及影响关系

【例】星光酒店有标准客房 500 间，预计 6 月出租率为 75%，名义房价为 380 元，折扣率为 95%。

客房预计收入=500×75%×380×90%×30＝4061250（元）

客房部的预算还包括营业成本和费用的预算。营业成本指的是客房部的固定费用，即不会随着客房出租量的变化而变化的费用，例如工资、折旧费、福利费等。变动费用是随着客房出租量的变化而变化的费用，如燃料费、修理费、洗涤费等。变动费用的计算公式为：

客房部预算变动费用=间日变动费用消耗额×客房数×出租率×天数

2. 餐饮部营业收入预算的编制

餐饮部营业收入的预算要结合就餐人数、人均消费等来考虑，由于早、中、晚的座位周转率和人均消费额的差距不同，针对不同餐厅和不同的就餐时间进行预算，再汇总。计算公式为：

餐厅预算营业收入＝餐厅座位数×座位周转率×人均消费额×预算营业天数

宴会厅收入＝宴会厅数量×预期天数×宴会厅利用率×平均就餐人数×人均就餐标准

零点收入＝零点餐位数×预期天数×上座率×人均消费额

餐饮部营业收入及影响关系如图 7-2 所示。

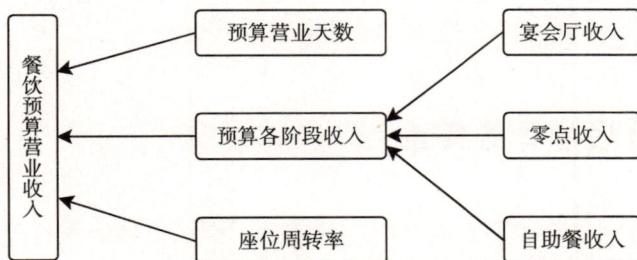

图 7-2　餐饮部营业收入及影响关系

餐饮部的预算还包括营业成本预算和营业费用预算两方面。营业成本又称为直接成本，随着接待客人数量及客人消费水平的变化而变化。计算公式为：

餐饮预算直接成本＝餐饮预算营业收入×（1-预算餐饮毛利率）

营业费用包括固定费用和变动费用两部分。固定费用和客房部的原理一样，变动费用包括燃料费、水电费、物品消耗等。

第三节　酒店的清算与财产估价

本节关键词：

酒店清算、财产估价

本节内容提要：

（1）了解酒店清算的概述。

（2）了解财产估价的概述。

由于酒店经营不善或其他原因，酒店解散就要进行清算，对财产进行估价。

一、酒店清算的概述

酒店清算，是指酒店在解散时，对酒店的财产、债务债权等进行清理和处理的行为及程序，依法向原登记机关办理注销登记手续，结束企业的一切法律行为。

酒店清算的发生是因为酒店面临终止。酒店终止有两种情况：一种是酒店解散；另一种是酒店破产。只有进行清算，才能使相关的权利义务消失，酒店才能最终得到终止。

1. 清算的分类

（1）按清算的原因可以分为解散清算和破产清算。导致企业终止清算的主要原因有解散、破产等。当企业的经营目的已达到或目标无法达到时，投资者决定解散或合并，企业违法或危害公众利益依法被撤销时进行的清算称为解散清算。企业不能清偿到期债务而被依法宣告破产时进行的清算为破产清算。

（2）按企业终止的原因可以分为自愿清算和强制清算。自愿清算是企业遵照投资主体的意愿解散，进行清算。强制清算是企业违法或不能偿还到期债务被机关单位依照法律宣告破产进行的清算。

（3）按照清算程序可以分为任意清算和法定清算。任意清算称为自由清算，企业按照投资主体的意志依据章程进行清算。强制清算要按照法定的程序进行清算。

2. 清算的程序

（1）组织清算委员会。酒店通过股东大会或董事会的讨论，决定解散酒店，向外发布公告，确定解散程序和清算人选，报给主管部门批准，并监督清算，随即正式成立清算委员会。

委员会的成员要根据股东大会的章程推选出来，或者由法院根据股东、债权人的要求来指定。

（2）制定清算方案。根据企业的财产情况，清算组编制企业资产负债表、债权目录、财产清单等，清算组对酒店的财产物资、债权、债务进行全面盘点清查，制定清算方案，对债权债务进行具体合理的安排。

（3）分配企业的剩余财产。剩余财产指的是企业全部清算的财产扣除清算损益、债务及缴纳所得税后剩余的部分。剩余财产的分配，大多按照企业合同、章程的有关条例进行处理。

剩余财产分配是指企业全部清算财产扣除清算损益、清偿债务及缴纳所得税后的剩余部分。企业剩余财产的分配原则，一般应按照企业合同、章程的有关条款处理，充分体现公平、对等的精神，兼顾各方利益。

（4）办理停业登记。清算结束后，委员会提交各种财务报表和账册，经过国家注册的注册会计师审查才算是有效的。清算报表经董事会通过，送回原审批单位，在原工商登记处办理注销手续，交回营业执照，宣告企业解散终止。

【例】酒店拥有的固定资产为 2560000 元，累计折旧为 1450000 元，对固定资产进行拍卖，所得收入为 1890000 元，则会计分录如下：

借：银行存款　　　　　1890000

　　累计折旧　　　　　1450000

贷：固定资产	2560000
清算损益	780000

3. 酒店清算的原理

酒店在进行清算的过程中，对各个事项进行核算。企业正常运营时，资产净额等于资本净额，在清算时，会出现如表 7-1 所示的三种情况。

表 7-1　酒店清算原理

出现情况	结　果	影　响
资产净额=资本净额	增减额持平	财产价值持平，可以按账面数额返还各股东的资本
资产净额>资本净额	资产增值	资产增值，增值部分征所得税后，按照各股东出资比例或协议分配
资产净额<资本净额	资产亏损	发生亏损，按出资比例分配资产净额，没有剩余财产分配，只有部分债务可以清偿

4. 清算费用核算

酒店在进行清算期间发生的清算费用主要有：各种办公费用；清算委员会各成员的报酬；聘请律师、注册会计师的费用；遣散公告费用等。此外还有差旅费、财务费用等一系列开支。为了维护相关人的合法权益，必须对清算费用进行管理。

设置"现金收支表"账户，对这期间的所有收支做好记录，作为审查支付凭证。对清算费用核算，设置临时会计科目"清算费用"，进行明细详查。

【例】某酒店清算时，以银行存款支付解散公告费用 16000 元，支付律师顾问费用 2000 元，会计分录如下：

借：清算费用	18000	
贷：银行存款		16000
现金		2000

二、财产估价的概述

酒店在清算过程中，为了支付费用，要将企业可以变现的资产予以变卖，这就涉及对财产的评估。清算委员会要根据清算物品的不同性质和特点，进行恰当的估价。正确清算对象的重估价值，在此基础上准确计算出企业的清算价值。

清算财产的方法有以下几种：

（1）账面价值法。根据账面记载的金额确定重估价值。对已经核实过的清算资产，不论是货币还是存货，均按照账面净值计价。对以外币计价的外币资产和外币负债，可按照清算日的国家外汇价或调剂价进行折合兑换。这种方法多用于账面价值和市场价值差别不大的流动资产估价。

（2）现行市价法。此法适用于无账面记录财产的估价。以类似的资产的现行价格为依据，结合功能、新旧程度等因素重新估价。企业持有的各类证券就可以采用这种方法。如果没有取得或无法取得市场资料，就只能采用拍卖价值法。

（3）变现价值法。此法适用于变现财产的估价。例如企业存在的残次品、易腐烂变质的存货、物资等，需用变现的方式出售，成交价格低于正常的市场价，也受到时间的限制。采用此方法，要通过正常渠道在市场变卖出售。这种方法适用于数量零星、价值小的清算资产。

（4）调查分析法。调查分析法是通过调查研究掌握资料对清算应收款项进行估价的一种方法。确定债券的性质，收集债权人的相关资料，在此基础上采取措施加紧催收应收款项。

（5）拍卖价值方法。在拍卖市场公开拍卖清算财产，以此法确定清算价值。通过竞价和投标方式得到的清算价值比较接近清算财产的合理价值，可以减少清算单位的损失。

第八章 酒店财务管理与利润分配

第一节 酒店的筹资管理

本节关键词：

酒店筹资、酒店筹资的种类

本节内容提要：

（1）了解酒店筹资的概述。

（2）了解酒店筹资的种类。

（3）了解酒店筹集资金方式和筹资渠道。

（4）了解酒店筹资的原则 。

企业在经营过程中，只有掌握好资金管理，做好筹资，才能取得较好的经济效益。

一、酒店筹资的概述

酒店筹资（即酒店筹集资金）是酒店企业根据生产经营的要求，为满足其生产经营资金的需求，通过金融市场，采用适当的金融方式筹措资金，获得酒店所需资金的一种财务活动。

筹资是酒店运营的起点，也是经营发展的重要环节，是生存发展的基础。只有筹集到资金，才能扩大酒店的经营范围，支付员工薪金，偿还债务，满足需求。酒店没有资金，就无法正常运营，但如果资金使用不当，也会影响正常运营。

二、酒店筹资的种类

1. 按筹资的使用时间分类

按筹资的使用时间分类，可以分为短期筹资和中长期筹资。

（1）短期筹资是酒店为了满足经营过程中临时需要资金而筹集的资金，筹资期限较短，一般在一年以内。

（2）中长期筹资是酒店为了长期发展所筹集的、使用期限较长（一般在一年以上）的资金。将酒店筹资划分为短期筹资和长期筹资，有利于酒店从经营周转和长期发展需要出发，决定所筹资金的使用和偿还，并制定相应的财务政策。

2. 按筹资对象的范围分类

按筹资对象的范围分类，可以分为内部筹资和外部筹资。

（1）内部筹资是酒店向有关投资者筹集的资金，又称权益筹资。短期资金的筹集方式有发行短期债券、短期银行借款、商业信用等。

（2）外部筹资是酒店向外部有关金融和非金融机构、个人等筹集的资金，又称债务筹资。划分权益筹资和债务筹资的目的在于合理安排资金使用，酒店债务筹资到期需要偿还，权益筹资酒店不需偿还。中长期资金的筹集方式有吸收直接投资、发行股票、发行长期债券、长期银行借款、融资租赁等。

三、酒店筹资方式和筹资渠道

1. 筹资方式

酒店筹资的方式有很多种，采用哪种途径取决于酒店资金的需要。酒店在生产经营活动中，由于原材料供应、缴纳税收等多方面的原因，会出现临时的资金不足，尤其是在旅游旺季，原材料消耗剧增，消耗费用增加，使得酒店需要采用各种各样的筹资方式。

酒店筹集资金的方式主要有以下几种：

（1）吸收直接投资。酒店以签订协议、合同等方式吸收国家、其他企业、个人等直接投入的资金作为酒店资本金。适用于非股份制企业。

（2）发行股票。股份制的单位经国家批准以发行股票的形式向国家、个人、其他单位筹集资金。发行股票是股份公司筹措自有资本的方式。

（3）发行债券。是指单位以发行各种债券的形式筹集资金。它是单位筹措资金的又一重要方式。

（4）银行借款。单位向银行申请贷款，通过银行信贷形式筹集资金。它是所有单位筹措资金的一种重要方式。

（5）商业信用。单位在商品交易中以延期付款或预收货款等方式进行购销活动而形成的借贷关系，是企业之间的直接信用。它是单位筹集短期资金的一种方式。

（6）租赁筹资。出租人以收取租金为条件，在契约或合同规定的期限内，将资产租借给承租人使用的一种经济行为。现代租赁是单位筹集资金的一种方式，用于补充或部分替代其他筹资方式。

2. 筹资渠道

我国酒店业的筹资渠道主要有以下几种：

（1）国家财政资金。国家以财政拨款、财政贷款等形式向企业投入资金，是国有酒店业的主要资金来源。

（2）银行信贷资金。通过银行放贷给酒店使用的各类资金，例如商业银行和专业银行等，是酒店重要的资金来源之一。

（3）非银行金融机构资金。保险公司、租赁公司、证券公司等集团所属的财务公司与类似的从事金融事业的非银行机构，为酒店提供的信贷资金投放。非银行金融机构的资金实力没有银行大，但是它们的资金来源灵活多变，可以提供多种服务，而且发展前景广阔，所以该渠道成为酒店发展的重要资金来源。

（4）其他法人单位资金。酒店在生产经营过程中，往往形成部分暂时闲置的资金，并为一定的目的而相互进行投资。企业间的相互投资和商业信用的存在，使其他法人单位资金也成为酒店资金的一项重要来源。

（5）民间资金。酒店职工和居民个人的结余货币。"游离"于银行及非银行金融机构及其他机构之外的个人资金，可用于对酒店进行投资，形成民间资金，从而为酒店所用。

（6）酒店自留资金。酒店内部形成的资金，也称酒店内部留存，包括从税后利润中提取的盈余公积金和未分配利润，以及通过计提折旧费而形成的固定资产更新改造资金。无须通过一定的方式去筹集，而是直接由酒店内部自动生成或转移。

（7）境外资金。外国投资者及中国港澳台地区的投资者注入的资金。随着国际贸易的加深，与外国的联系更加紧密，产生利用境外资源筹集资金的方式。

四、酒店筹资的原则

酒店筹资需要根据酒店经营管理的需要，遵循下列基本原则：

（1）合法性原则。酒店无论采用哪种方式进行资金筹集，都必须遵守国家的相关规定，严格按照规章制度操作，维护自己的合法利益。

（2）适量时效性原则。酒店根据经营需要合理预算资金的需要量，资金不足，影响酒店正常经营；资金过量，会造成资金闲置，影响使用效率，而且酒店是季节性产业，旅游旺季需求量大，淡季需求量小。为此，酒店要合理预测酒店资金需要量，筹集资金。

（3）结构合理效益性原则。酒店筹资讲究效益，以最小的成本获取最大的收益。酒店要选择资金成本低的筹资渠道和方式，还需要考虑各种筹资的比例结构，与酒店本身的偿还能力相适应，避免财务风险。酒店筹资事先做出周密详细的计划，合理安排资本结构，充分利用资金，扩大经营范围。

第二节　酒店的成本管理

本节关键词：

经营成本、成本管理、成本控制

本节内容提要：

（1）了解酒店经营成本的构成。

（2）了解酒店成本的分类。

（3）了解酒店成本的管理。

（4）了解酒店成本的控制。

（5）了解酒店成本的作用。

成本费用管理是酒店的重要组成部分，成本费用开支的大小直接影响酒店的利润。

一、酒店经营成本的构成

酒店是为游客提供住宿、饮食等服务的行业，在经营中会产生各种各样的消耗。广义上的成本包括原材料、工资费用和其他费用。狭义的成本指的是酒店各营业部门为正常营业而采购的各种原材料的费用。酒店的成本可分为营业成本和费用，包含营业成本、营业费用、管理费用、财务费用四项内容。

（1）营业成本，主要包括原材料、低值易耗品、酒水等。

（2）营业费用，主要包括营业部门工资、能源消耗、折旧费。

（3）管理费用，主要包括人员工资、办公费用、招待费、差旅费、培训费、折旧费等。

（4）财务费用，主要包括贷款利息和财务手续费等。

二、酒店成本的分类

1. 按照成本费用与经营业务量划分

按照成本费用与经营业务量划分，酒店成本费用分为固定成本、可变成本和混合成本。

（1）固定成本，指在较短时间内，总额不会随着经营业务量的变动而变动的成本。但是在长期内，所有的成本都会发生变动。

（2）可变成本，指总额随着经营业务量的变化而变化的成本。例如客房的出租率越高，用品消耗就越快。

（3）混合成本，指总额中既包括变动成本也包括固定成本。例如电话费用既有固定成本的部分，又有随着打电话的时间增加而增加变动成本。

2. 按照管理责任划分

按照管理责任划分，酒店成本可分为可控成本和不可控成本。

（1）可控成本，指单位有权确定会计期间开支的成本费用。

（2）不可控成本，在一定期间内单位对成本费用的发生无法控制。

三、酒店成本的管理

1. 酒店客房成本的管理

酒店客房的成本包括：物料消耗，如卫生用品、餐具纸张等；人工成本，如客房部职工的工资；间接费用，如消耗的水电费、折旧费等。

酒店客房具有投资大、各类经营业务交叉、直接费用和间接费用不易划分等特点，客房营业部采用"营业费用"、"管理费用"账户进行核算，不单独计算客房成本。

2. 酒店餐饮的管理

餐饮部是为客人提供就餐的场所和设备并为客人提供劳务服务的部门。餐饮部的营业成本包括加工烹饪食品的生产费用和销售费用，如人工费、燃料费、原材料费用等。由于餐饮部的特殊性，各种成本难以划分。现行制度规定，餐饮部的成本只核算使用的原材料的成本。

餐饮部的营业成本包括月食品成本和日食品成本。

月食品成本＝期初存货＋本期进货－期末存货

日食品成本＝日耗用食品成本－员工膳食成本

四、酒店成本的控制

成本费用控制的方法有很多，但最常用的有三种：预算控制法、制度控制法和标准成本控制法。

1. 酒店客房成本控制

对酒店客房的成本控制一般采用预算控制法。收入来源于前台，成本费用发生在客房部。预算数的计算方法分别为：

物料消耗预算＝客房数量×每间客房床位数量×预算天数×客房出租率×每间客房消耗品的定额×消耗品单价

水电费预算＝客房数量×每间客房床位数量×预算天数×客房出租率×每位客人消耗水电的平均金额

每期期末，进行实际数与预算数的差异分析，找出原因。常见原因有：物料用品价格发生变化；客人的增加或减少；预测的不准确性。

2. 酒店餐饮成本控制

酒店餐饮常采用标准成本控制法。制定标准成本有公式法、标准配方卡法两种方法。

（1）公式法。公式法适用于原料简单的菜肴，例如早餐。加工一些半加工的食品无须添加其他东西，在采购时就有数量和购价，只需据此计算出成本。

每份的标准成本＝食品原料采购价格÷食品原料可生产份数

（2）标准配方卡法。标准配方卡，是标明每一种菜肴或米面制品在生产过程中所需的定量（如原料的名称、数量、标准分量等必要信息），根据厨师长填好的标准配方卡，成本会计计算出成本金额，作为控制成本的标准。

根据具体情况，对实际食品成本和标准食品成本之间的差异进行分析。原料价格大幅度变化，品种构成发生变化；不合理的差异有原材料进货过多、保管不当等。

五、酒店成本的作用

酒店成本的作用是就酒店的全部经营支出而言，不是单指直接成本部分。酒店的成本的作用不同于其他行业，主要表现为：

（1）成本是经营耗费的补偿尺度。通过计算成本，可以明确酒店从事某项经营活动所耗费的资金，为酒店维持简单再生产提供了补偿的标准。当酒店的收入达到标准，企业才能按原来的规模顺利地开展经营活动。如果酒店的营业收入不够补偿成本或在补偿成本之后，不够缴纳税金，酒店就会亏损。酒店亏损不仅使酒店失去了扩大营业规模或增加营业项目的能力，而且会影响在原来规模上正常经营。

（2）成本是检验酒店工作的重要指标。成本的高低是反映酒店经营管理的综合性质量指标。如果成本在营业收入中所占的比重大，表明酒店的设备利用率低，收入少或者酒店的支出过高，有浪费现象。成本在营业收入中所占比重小，表明企业经营管理水平有所提高，取得了较好的经济效益。成本在营业收入中所占比重越小，说明其效益越好。

（3）成本是确定收费标准的依据。酒店产品的收费标准虽然与市场的供求关系紧密相关，但起决定作用的还是成本。在竞争中，谁的成本低，谁就能以较低的价格吸引客人，谁就能在低标准收费的情况下得到盈利，从而在竞争中占有优势。

第三节 酒店利润的形成

本节关键词：

利润、影响因素、核算

本节内容提要：

（1）了解酒店利润的概述。

（2）了解影响酒店利润的因素。

（3）了解酒店利润影响因素分析的工作步骤。

一、酒店利润的概述

利润指企业在一定时期内从事生产经营活动所取得的以货币表现的最终财务成果。利润是企业的最终经营成果，是企业经营活动的效率和效益的最终体现。同理，酒店利润是指酒店在一定会计期间的经营成果。

酒店利润包括酒店的营业利润、利润总额和净利润。

1. 营业利润

营业利润指主营业务收入减去主营业务成本和主营业务税金及附加，加上其他业务利润，减去营业费用、管理费用和财务费用后的金额，即：

营业利润＝主营业务收入－主营业务成本－主营业务税金及附加＋其他业务利润－营业费用－管理费用－财务费用

2. 利润总额

利润总额指营业利润加上投资收益、补贴收入、营业外收入，减去营业外支出后的金额。即：

利润总额＝营业利润＋投资收益＋补贴收入＋营业外收入－营业外支出

投资收益是指酒店对外投资所取得的收益，减去发生的投资损失和计提的投资减值准备后的净额。

补贴收入是指酒店按规定实际收到退还的增值税，或按销量或工作量等依据国家规定的补助定额计划并按期给予的定额补贴，以及属于国家财政扶持的领域而给予的其他形式的补贴。

营业外收入和营业外支出是指酒店发生的与其生产经营活动无直接关系的各项收入和各项支出。营业外收入包括固定资产盘盈、处置固定资产净收益、处置无形资产净收益、罚款净收入等。营业外支出则包括固定资产盘亏、处置无形资产净损失、处置固定资产净损失、债务重组损失、计提的在建工程减值准备、支出罚款、捐赠支出、非常损失等。

3. 净利润

净利润指酒店利润总额减去所得税后的金额。

利润是企业收入扣除各项支出后的余额。它是酒店管理的经济效益好坏的集中体现。正确认识影响酒店利润的各种因素，明确它们之间的相互关系及其对利润的影响程度，是控制酒店收入、成本、价格和利润，并用近期或长期决策来调节酒店利润和利润结构，是提高经济效益的重要条件。

二、影响酒店利润的因素

影响酒店利润的因素有很多，最主要的是市场和成本。

1. 市场方面的利润影响因素

无论哪个企业想获得利润，都必须打开市场，市场是企业的希望，也是获得收益的唯一途径。影响市场的因素主要包括：

（1）客房出租率。客房出租率是市场供求关系的体现。假如设定其他条件不变，客房出租率提高，酒店的营业收入就会增加，得到的利润就会增多；反之就减少。

（2）客房平均房价。平均房价是计划期内各种类型的客房按牌价出租所达到的每间客房每天的平均收入。但在其他条件不变的条件下，平均房价越高，酒店收入和利润就会越高；反之则越低。

（3）接待人次。接待的人次可以分为客房、餐饮、康乐娱乐设施等项目的人数和每场次数或者总人数。酒店接待的人次数与利润成正比关系，人数越多，得到的利益就越多；人数越少，利益越少甚至可能出现亏损。

（4）人均价格或收费标准。人均价格或收费标准由市场供求关系、消费水平和企业的政策决定。

2. 成本方面的利润影响因素

成本是商品生产投入的表现，是各项费用的支出，是合理消耗价值的货币表现。影响成本的因素可以分为四类：

（1）原材料成本。

（2）能源消耗。能源的消耗主要包括水电费、燃料费用等，是酒店必不可少的开支，属于变动成本。

（3）人事成本和奖金。根据国家政策法规和酒店的分配制度制定职工的工资和奖金，此外还有酒店临时工、小时工的人事成本，是企业提前预算好的。

（4）固定成本。在一定时期和一定经营条件下，不随企业产品或销售额的变化而变化。固定成本分为两类：一类是约束性固定成本，包括本息、房产税、土地资源税等；另一类是企业提前预算安排的固定成本，例如维修费、管理费等。

3. 两类因素对利润的影响

无论是哪方面的因素，都对酒店利润存在重要影响，且市场因素对酒店利润存在倍数影响。例如客流量的增加会加速运转房屋出租率，提升利率；降低成本、增加利润，两者属于等量关系。要着重注意这两方面内容，合理利用三者之间的关系。

三、酒店利润影响因素分析的工作步骤

在酒店经营管理中，各种因素会对利润造成不同的影响，影响的程度决定于各种因素的类型，要进行具体分析。

1. 分析对象，选择因素

对象不同，造成的影响就会不同，收集的范围和方式也不尽相同。事先确定分析的对象，进而分析影响因素。例如对客房利润来说，影响的因素有客房出租率、出租天数、节假日等。

2. 掌握相关数据，分析对利润的影响

掌握利润影响因素的基本数据，为利润影响因素提供客观依据，提出可靠的分析结果。以相关数据为基础，排列影响因素的顺序，根据排列顺序计算出利润变化比例，得出结论即各个因素对利润的影响程度。为酒店各部门提出的决策提供客观依据。

四、酒店利润形成的核算

为了正确、真实地反映利润形成过程，要做好以下工作：

1. 核对账簿

账簿核对是记录利润的根据，要保证利润的准确性、真实性，就要确保账簿记录的完整、正确。核对的内容有：核实各个账户借方余额之和与贷方余额之和是否相符；核对各种明细账是否相符；企业的银行存款和对账单是否相符等。若有不符，及时核对，查明原因。

2. 核对账簿与实际情况

账簿之间的核对只能保证记录的正确性，要与实际情况一致，否则会影响企业利润的真实性。对企业物资进行核查，清查财产，将盘点结果与账簿进行核对，发现不符，以实物为准进行更改。

3. 进行账项调整

为了核查利润报表，查明账户，将本期发生但未入账的会计事项调整入账，报清本期账目。调整的账项有应计收入、应计成本费用。年度决算之前，对本年度的短缺、溢余等账项和其他的悬账、悬案做一次总的检查处理。

4. 收支结转

企业的利润随着经营活动的逐步实现而变化，财务部门对企业发生的各项收支在各自的损益账户中进行核算，以便检查企业利润的实现情况，所以财务部门应在月末结账后根据各部门的经营活动进行利润核算。酒店利润核算也是如此，在期末计算本期发生的全部收入和支出，计算盈亏，在月末进行结转，将收入类账户余额记入贷方，成本费用等记入借方。月末贷方余额为利润，借方利润为亏损。

第四节 酒店利润的分配

本节关键词：

利润分配、利润分配核算

本节内容提要：

（1）了解利润分配的核算要求。

（2）了解利润分配的核算方法。

（3）了解利润分配的管理方法。

（4）了解利润分配的程序。

利润分配是企业根据国家有关规定，和投资者等的协议规定，对企业当年获得的经济利益进行分配。

一、利润分配的核算要求

利润分配是酒店对已实现的利润或亏损进行分配和处理的过程。包括处理国家、投资者、酒店和员工之间的关系。

国家根据法律法规实现职能，用税收的方式参与酒店的利润分配；投资者以酒店所有者的身份参与利润分配；酒店根据法人的身份参与利润分配；员工以经营者的身份参与酒店利润分配。

四者根据所持股份将利润分配后，剩下的利润归投资者所有。正确处理四者之间的关系，做到四者兼顾，把握适度原则。

二、利润分配的核算方法

酒店应通过"利润分配"科目核算酒店利润的分配（或亏损的弥补）和历年分配（或弥补）后的未分配利润（或未弥补亏损）。该科目应分"提取法定盈余公积"、"提取任意盈余公积"、"应付现金股利或利润"、"盈余公积补亏"、"未分配利润"等进行明细核算。

1. 应交所得税

所得税是国家对酒店征收的一个税种。以实行独立核算的酒店为纳税单位，以酒店年度内实现的总利润为依据，计算所得税。酒店的所得税按照33%的税率征收，计算公式为：

应纳所得税 = 应纳税所得额 × 所得税率

应纳税所得额 = 利润总额 ± 税收调整

酒店的所得税实行的是按年计征，按月预交，年终清算，实行多退少补的办法。做如下会计分录：

借：利润分配——应交所得税　　　×××

　　贷：应交税金——应交所得税　　　　　×××

2. 盈余公积补亏

盈余公积补亏是酒店利用提取的盈余公积，弥补以前年度的亏损，设立"利润分配——未分配利润"科目反映盈余公积补亏。会计分录如下：

借：盈余公积　　　　　　　×××

　　贷：利润分配——盈余公积补亏　　　×××

3. 提取盈余公积

酒店应按当年税后利润（减补亏损）的10%提取法定盈余公积，当法定盈余公积金达到注册资金的50%时则不可再提取。酒店提取的盈余公积可用于弥补亏损，按国家规定转增资本金等。但转增后留存酒店的盈余公积金不得少于注册资金的25%。盈余公积主要用于弥补亏损、转增资本等。会计分录如下：

借：利润分配——提取盈余公积　　　×××

　　贷：盈余公积　　　　　　　　　　　　×××

4. 应付利润

应付利润指企业根据投资的份额，按照规定的比例，从税后利润中提取，支付给投资者。会计分录如下：

借：利润分配——应付利润　　　　×××

　　贷：应付利润　　　　　　　　　　　×××

5. 未分配利润

未分配利润是经过弥补亏损、提取法定盈余公积、提取任意盈余公积和向投资者分配利润等利润分配之后剩余的利润，它是企业留待以后年度进行分配的历年结存的利润。相对于所有者权益的其他部分来说，企业对于未分配利润的使用有较大的自主权。

三、利润分配管理

企业管理利润的分配，可以从三方面入手。

1. 控制分配顺序

企业在进行利润分配时，一定要按照财务制度规定的顺序进行。

2. 控制法定分配项目

这是国家明确分配对象和分配数量的利润分配项目。对其的要求是"正确、及时、足额"。

3. 控制企业自行分配项目

企业自行分配主要是针对投资者分配的项目，且必须满足企业积累和投资者利益。

【例】某酒店年初未分配利润为 0，本年实现净利润 20000 元，本年提取法定盈余公积 2000 元，宣告发放现金股利 8000 元。假定不考虑其他因素，股份有限公司的会计处理如下：

（1）结转本年利润：

借：本年利润　　　　　　　　　　　　　20000

　　贷：利润分配——未分配利润　　　　　　　　20000

如企业当年发生亏损，则应借记"利润分配——未分配利润"科目，贷记"本年利润"科目。

（2）提取法定盈余公积、宣告发放现金股利：

借：利润分配——提取法定盈余公积　　　2000

　　　　　　——应付现金股利　　　　　8000

　　贷：盈余公积　　　　　　　　　　　　　　2000

　　　　应付股利　　　　　　　　　　　　　　8000

同时，借：利润分配——未分配利润　　　10000

　　　　　贷：利润分配——提取法定盈余公积　　2000

　　　　　　　　　　　——应付现金股利　　　　8000

结转后，如果"未分配利润"明细科目的余额在贷方，表示累计未分配的利润；如果余额在借方，则表示累积未弥补的亏损。

四、利润分配的程序

根据我国公司法的有关规定，酒店当年实现的利润总额应按国家有关税法的规定作相应的调整，然后依法缴纳所得税。缴纳所得税后的净利润按下列顺序进行分配。

改革后的利润分配程序为：利润总额减去缴纳的所得税后得到的可供分配的利润，按照以下顺序进行分配。

1. 弥补以前年度的亏损

按照我国的相关制度规定，企业发生的年度亏损，一般情况下可以用下一年度的税前利润进行弥补，若下一年的税前利润不足以弥补，可以用后一年度的利润继续弥补，但是弥补年度亏损的期限不能超过 5 年。

2. 提取法定盈余公积金

根据《公司法》的规定，法定盈余公积金是税后利润扣除前两项以后按照10%提取的，当法定盈余公积金已经达到注册资本的50%后，不再提取。

法定盈余公积金多用于弥补亏损、扩大经营或者转增资本金，转增后并留存企业的法定盈余公积金不少于注册资本的1/4。

3. 提取公益金

根据《公司法》的规定，公司从税后利润中提取法定公积金后，经股东会或者股东大会决议，还可以从税后利润中提取任意公积金。公益金主要用于酒店职工的集体福利设施。股份有限公司提取公益金的先后顺序为：支付优先股利；按照公司章程提取任意盈余公积金；支付普通股股利。

4. 向投资者分配利润

根据《公司法》的规定，公司弥补亏损和提取公积金后所余税后利润，可以向股东（投资者）分配股利（利润），企业以前年度未分配的利润，可以并入当年向投资者分配。

第九章　财务报告的作用和意义

第一节　财务报告的作用和意义

本节关键词：

财务报告、分类、作用、意义

本节内容提要：

（1）了解财务报告的概念及构成。

（2）了解财务报告的分类。

（3）了解财务报告的作用。

（4）了解财务报告的意义。

财务报告对于整个酒店来说，是一个非常重要的环节。它清楚记录每一项资金的流向。财务报表应当反映酒店经济活动的全貌，有助于财务报告使用者做出经济决策。

一、财务报告的概念

1. 财务报告的概念

财务报告指的是财务人员利用公司的相关资料进行分析、处理、汇总，形成书面报告，反映酒店财务状况和经营成果的书面文件。其中包括资产负债表、利润表、现金流量表、所有者权益变动表、附表及会计报表附注和财务情况说明书。

2. 财务报告的构成

财务报告由资产负债表、利润表、现金流量表、财务报表附注等构成。

资产负债表是反映酒店在某一特定日期（如月末、季末、年末）的全部资产、负债和所有者权益情况的会计报表，它表明权益在某一特定日期所拥有或控制的经济资源、所承担的现有义务和所有者对净资产的要求权，是揭示酒店在一定时点财务状况的静态报表。

利润表是反映酒店在一定会计期间（如月度、季度、半年度或年度）生产经营成果的会计报表。酒店在一定会计期间的经营成果既可能表现为盈利，也可能表现为亏损，因此，利润表也称为损益表。

现金流量表是反映一定时期内（如月度、季度或年度）酒店经营活动、投资活动和筹资活动对其现金及现金等价物所产生影响的财务报表。它详细描述了由公司的经营、投资与筹资活动所产生的现金流。

财务报表附注是为了便于财务报表的使用者理解财务报表的内容而对财务报表的编制基础、编制依据、编制原则和方法及主要项目等所做的解释。它是对财务报表的补充说明，是财务报告的重要组成部分。它的作用有：使使用者更全面地了解酒店的状况；缓解财务报表信息披露压力；增强财务报告体系的灵活性；保持原有报告模式的需要。

二、财务报告的作用

第一，有助于国家相关的管理部门全面了解各行各业的经济动态与经济现状，并制定出相关的法律法规，维护、整顿经济秩序，保证经济持续稳定的发展。

第二，有助于经营管理者综合了解酒店生产经营状况的变动与发展。管理者通过对财务报告的了解，可以全面系统地了解企业财务现状，找出原因及其根源，来提高对资产和资本运用的高效性和安全性；为准确做出决策提供依据；只有管理者知己知彼、审时度势，客观地评价和认识酒店的优势与不足，才能扬长避短，在原有的基础上，进一步提高经营效率，扩大经营实力。

第三，有助于其他各个相关利益主体，如潜在的股东、债权人、酒店员工、关联方、客户等了解酒店情况，调整配置资金与经济资源。把资金投入到经济效益高、环境污染少的可持续发展行业中。

三、财务报告的分类

财务报告分类指的是会计报表的分类。

1. 根据经济内容分类

根据经济内容分类，财务报告分为静态会计报表和动态会计报表。静态报表是指综合反映企业在某一特定日期资产、负债和所有者权益状况的报表；动态报表是指综合反映酒店在一定期间的经营成果或现金流量情况的报表。

2. 根据报送对象分类

根据报送对象分类，财务报告分为内部报表、外部报表。内部报表是指为满足企业内部经营管理需要而编制的会计报表；外部报表是指酒店对外提供的会计报表，主要供投资者、债权人、政府部门和社会公众等有关方面使用。

3. 根据编报主体分类

根据编报主体分类，财务报告分为个别财务报表、合并财务报表。个别财务报表由内部成员编制，仅仅反映公司自身财务情况、经营效果等；合并财务报表反映的是整个酒店集团的财务状况和经营成果。个别财务报表是指"单个"企业编制的报表。而合并财务报表是以集团公司内所有组成酒店为主体编制的。

4. 根据编报期间分类

根据编报期间分类，财务报告分为中期财务报表、年度财务报表。中期财务报表包括月报表、季报表和半年报表。中期财务报告包括资产负债表、利润表、现金流量表、附注等；年度财务报表是全面反映酒店整个会计年度的经营成果、现金流量情况及年末财务状况的财务报表。

四、财务报表的意义

1. 是企业加强和改善经营管理的重要依据

通过财务报告，可以全面了解酒店生产经营活动、财务情况和经营成果，及时发现经营活动存在的问题，做出抉择，采取有效的措施，改善生产经营管理；为未来的经营计划和方针提供准确依据。

2. 是国家经济管理部门进行宏观调控和管理的依据

财务报告将酒店生产经营情况和财务方面的信息提供给政府经济管理部门，政府部门可以及时掌握各酒店部门的情况，进行汇总分析，分析考核国民经济总体的运行情况，为宏观调节和控制提供依据。

3. 是投资者和债权人进行决策的依据

投资者和债权人一般不直接参与酒店的生产活动，只能通过对酒店会计报表的分析，了解酒店的财务及经营情况，分析酒店的偿债能力、盈利能力，做出正确、准确的判断；能够监督酒店生产经营管理，保护自身合法权益。

第二节　资产负债表的编制

本节关键词：

资产负债表、结构、编制

本节内容提要：

（1）了解资产负债表的概述。

（2）了解资产负债表的基本结构。

（3）了解资产负债表的编制。

（4）了解资产负债表的作用。

资产负债表是一张平衡报表，反映资产总计（资产负债表左方）与负债及所有者权益总计（资产负债表右方）相等；又是一张静态报表，反映企业在某一时点的财务状况，也能反映企业财务状况的变动情况。

一、资产负债表概述

资产负债表是指反映企业在某一特定日期的财务状况的报表。资产负债表主要反映资产、负债和所有者权益三方面的内容，并满足"资产=负债+所有者权益"平衡式。

（1）资产可分为流动资产和非流动资产，在资产负债表中列示，按性质进行分项列示。

（2）负债可以分为流动负债和非流动负债，在资产负债表中列示，按性质进行分项列示。

（3）所有者权益是指企业资产扣除负债后由所有者享有的剩余权益。所有者权益包括实收资本、资本公积、盈余公积和未分配利润。

二、资产负债表的基本结构

资产负债表是由三个部分构成，具体包括表头、正表和补充资料。

1. 表头

表头包括资产负债表的名称、编号、编制单位、编表时间和金额单位等。由于该表属于静态报表，因此，一定要注明某年某月某日。

2. 正表

正表是主体部分，主要反映资产负债表各项目的内容。资产负债表包括资产、负债和所有者权益三个会计要素。各要素按一定的标准进行分类并加以排列。资产项目按照其流动性的大小（变现能力的强弱）排列；负债项目按照其到期日的远近排列；所有者权益项目按其永久程度排列。

3. 补充资料

补充资料包括附注和附列资料等内容，填列一些不能直接列入资产负债表的项目，帮助使用者更加正确理解和分析企业财务状况。

现在我国企业资产负债表采用账户式结构，分为左右两方，左方为资产，右方为负债和所有者权益。资产负债表各项目均需填列"年初余额"和"期末余额"两栏。其中"年初余额"栏内各项数字，应根据上年末资产负债表的"期末余额"栏内所列数字填列。

三、资产负债表的编制

（1）根据总账科目余额直接填列。例如"应收票据"项目，根据"应收票据"总账科目的期末余额直接填列；"短期借款"项目，根据"短期借款"总账科目的期末余额直接填列。有些项目则需根据几个总账科目的期末余额计算填列，如"货币资金"项目，需根据"现金"、"银行存款"、"其他货币资金"三个总账科目的期末余额合计数填列。

（2）根据明细账科目余额计算填列。例如"应付账款"项目，需要根据"应付账款"和"预付款项"相关明细科目的期末贷方余额计算填列；"应收账款"项目，需要根据"应收账款"和"预收款项"相关明细科目的期末借方余额计算填列。

（3）根据总账科目和明细账科目余额分析计算填列。例如"长期借款"项目，需要根据"长期借款"总账科目余额扣除"长期借款"科目所属的明细科目中将在一年内到期且企业不能自主地将清偿义务展期的长期借款后的金额计算填列。"货币资金"项目，根据"库存现金"、"银行存款"、"其他货币资金"科目的期末余额合计数计算填列。

四、资产负债表的作用

通过资产负债表，提供某一日期资产的总额及其结构，显现企业拥有或控制的资源及其分布情况，使用者可以一目了然地从资产负债表上了解企业在某一特定日期所拥有的资产总量及其结构；表明企业未来需要用多少资产或劳务清偿债务以及清偿时间；可以反映所有者所拥有的权益，据此判断资本保值、增值情况以及对负债的保障程度；反映企业的流动性和财务实力。

第三节　现金流量表的编制

本节关键词：

现金流量、分类、编制方法

本节内容提要：

（1）了解现金流量表的概念。

（2）了解现金流量表的分类。

（3）了解现金流量表的编制方法。

（4）了解现金流量表的意义。

现金流量表详细描述了公司的经营、投资与筹资活动所产生的现金流，为判断公司经营是否健康提供了证据。

一、现金流量表的概念

现金流量表（Statement of Cash Flows）是财务报表的三个基本报表之一，也叫账务状况变动表，所表达的是在一个固定期间（通常是每月或每季）内，一家机构现金（包含现金等价物）的增减变动情形。

现金流量表是反映一家公司在一定时期现金流入和现金流出动态状况的报表。其组成内容与资产负债表和损益表一致。现金流量表可以概括反映经营活动、投资活动和筹资活动对企业现金流入流出的影响，对于评价企业的实现利润、财务状况及财务管理，现金流量表能提供比传统的损益表更好的基础。

二、现金流量的分类

现金流量可分为三类，分别是经营活动产生的现金流量、投资活动产生的现金流量、筹资活动产生的现金流量。

1. 经营活动

经营活动是指企业投资活动和筹资活动以外的所有交易和事项。

经营活动包括了企业投资活动和筹资活动以外的所有交易和事项。就工商企业来说，经营活动主要包括销售商品、提供劳务、经营性租赁、购买商品、接受劳务、广告宣传、推销产品、缴纳税款等。对于商业银行而言，经营活动主要包括吸收存款、发放贷款、同业存放、同业拆借等。

各类企业由于行业特点不同，对经营活动的认定存在一定差异，在编制现金流量表时，应根据企业的实际情况，对现金流量进行合理的归类。

2. 投资活动

投资活动是指企业长期资产的购建和不包括在现金等价物范围内的投资及其处置活动。这里所指的长期资产是指固定资产、在建工程、无形资产、其他资产等有限期在一年或一个营业周期以上的资产。

这里之所以将"包括在现金等价物范围内的投资"排除在外，是因为已经将包括在现金等价物范围内的投资视同现金。

投资活动主要包括取得和收回投资、购建和处置固定资产、无形资产和其他长期资产等。这里的投资活动，既包括实物资产投资，也包括金融资产投资。不同企业由于行业特点不同，对投资活动的认定也存在差异。例如，交易性金融资产所产生的现金流量，对于工商业企业而言，属于投资活动现金流量；而对于证券公司而言，属于经营活动现金流量。

3. 筹资活动

筹资活动是指导致企业资本及债务规模和构成发生变化的活动。

这里所说的资本，包括实收资本（股本）、资本溢价（股本溢价）。与资本有关的现金流入和流出项目，包括吸收投资、发行股票、分配利润等。

这里的债务是指企业对外举债所借入的款项，如发行债券、向金融企业借入款项以及偿还债务等。通常情况下，应付账款、应付票据等商业应付款等属于经营活动，不属于筹资活动。

此外，对于企业日常活动之外的、不经常发生的特殊项目，如自然灾害损失、保险赔款、捐赠等，应当归并到相关类别中，并单独反映。例如，对于自然灾害损失和保险赔款，如果属于流动资产损失，应当列入经营活动产生的现金流量；如果属于固定资产损失，应当列入投资活动产生的现金流量。

三、现金流量表的编制程序

编制程序有工作底稿法、T 型账户法两种方法。

1. 工作底稿法

采用工作底稿法编制现金流量表，是以工作底稿为手段，以资产负债表和利润表数据为基础，对每一项目进行分析并编制调整分录，从而编制现金流量表。

工作底稿法的程序如下：

第一步，将资产负债表的期初数和期末数过入工作底稿的期初数栏和期末数栏。

第二步，对当期业务进行分析并编制调整分录。编制调整分录时，要以利润表项目为基础，从"营业收入"开始，结合资产负债表项目逐一进行分析。在调整分录中，有关现金和现金等价物的事项，并不直接借记或贷记现金，而是分别计入"经营活动产生的现金流量"、"投资活动产生的现金流量"、"筹资活动产生的现金流量"有关项目，借记表示现金流入，贷记表示现金流出。

第三步，将调整分录过入工作底稿中的相应部分。

第四步，核对调整分录，借方、贷方合计数均已经相等，资产负债表项目期初数加减调整分录中的借贷金额以后，等于期末数。

第五步，根据工作底稿中的现金流量表项目部分编制正式的现金流量表。

2. T 型账户法

采用 T 型账户法编制现金流量表，是以 T 型账户为手段，以资产负债表和利润表数据为基础，对每一项目进行分析并编制调整分录，从而编制现金流量表。

T 型账户法的程序如下：

第一步，为所有的非现金项目（包括资产负债表项目和利润表项目）分别开设 T 型账户，并将各自的期末期初变动数过入相应账户。如果项目的期末数大于期初数，则将差额过入和项目余额相同的方向；反之，过入相反的方向。

第二步，开设一个大的"现金及现金等价物"T 型账户，每边分为经营活动、投资活动和筹资活动三部分，左边记现金流入，右边记现金流出。与其他账户一样，过入期末期初变动数。

第三步，以利润表项目为基础，结合资产负债表分析每一个非现金项目的增减变动，并据此编制调整分录。

第四步，将调整分录记入 T 型账户，并进行核对，该账户借贷相抵后的余额与原先过入的期末、期初变动数应当一致。

第五步，根据大的"现金及现金等价物"T 型账户编制正式的现金流量表。

四、现金流量表的编制方法

现金流量表的编制方法有间接法和直接法两种。

1. 间接法

间接法以本年净利润为起算点，调整不涉及现金收付的各种会计事项，最后得出现金净流量。

间接法以损益表的最后结果"本年利润"为起算点。所谓"净利润"，是按权责发生制原则处理全年收入与费用，凡应计入收入或费用的内容，不论其现金是否收付，都应计入当期损益。因此在会计处理上设置了一系列应收、应付、预收、预付、待摊、预提等科目，来解决"应计"数与"实现"数不一致的问题。间接法的基本原则，就是要将影响利润形成的会计事项由权责发生制还原为现金收付实现制，并将产生的差额，逐项在"净利润"中进行调整。

2. 直接法

直接法以销售（营业）收入的收现数为起算点，然后将其他收入与费用项目的收现数、付现数分别列出，以直接反映最终的现金净流量。

在直接法下，也是将现金流量分为经营活动现金流量、投资活动现金流量与筹资活动现金流量三部分。其中经营活动现金流量中的数据，可以从会计记录中获得，也可以在损益表中销售收入、销售成本等数据的基础上，将权责发生制的收支转化为相应的现金收付制数额来确定。其转换方法是：

（1）销售收入收现数＝损益表中销售收入（权责发生制－销商品的应收账、应收票据＋预收货款收入。

（2）购货付现数＝损益表中销售成本（权责发生制）＋存货增加额－赊购存货的应付账、应付票据的增加数＋预付货款支出－工资付现数（单独列示）。

（3）其他收入收现数＝其他收入＋其他应收款减少数－其他应收款增加数。

（4）其他费用付现数＝其他费用（如管理费用、财务费用等）－折旧摊销数＋待摊费用增加数。

（5）职工工资付现数。根据"应付工资"、"应付福利费"、"住房周转金"等科目分析填列。

五、现金流量表的意义

1. 弥补了资产负债信息量的不足

资产负债表是利用资产、负债、所有者权益三个会计要素的期末余额编制的。唯独资产、负债、所有者权益三个会计要素的发生额原先没有得到充分的利用，没有填入会计报表。会计资料一般是发生额与本期净增加额（期末、期初余额之差或期内发生额之差），说明变动的原因，期末余额说明变动的结果。

根据资产负债表的平衡公式可写成：现金=负债所有者权益−非现金资产。由此得出现金的增减变动受到右边因素的影响，现金流量表中的内容（尤其是采用间接法时）是利用资产、负债、所有者权益的增减发生额或本期净增加额填报的。这样账簿的资料得到了充分的利用，现金变动原因的信息得到了充分的揭示。

2. 便于从现金流量的角度对企业进行考核

企业的经营者由于管理的要求必须要了解现金流量信息。与企业有密切关系的部门与个人投资者、银行、财税等不仅需要了解企业的资产、负债、所有者权益的结构情况与经营结果，更需要了解企业的偿还支付能力，了解企业现金流入、流出及净流量信息。

3. 了解企业筹措现金、生成现金的能力

通过筹资活动吸收投资者投资或借入现金。吸收投资者投资，企业的受托责任增加；借入现金，负债增加，今后要还本付息。企业要想生存发展，就必须获利，利润是企业现金来源的主要渠道。通过现金流量表可以了解到经过一段时间的经营，企业从内外筹措了多少现金，自己生成了多少现金。筹措的现金是否按计划用到企业扩大生产规模、购置固定资产、补充流动资金上，还是被经营方侵蚀掉了。企业筹措现金、生产现金的能力，是企业加强经营管理、合理使用调度资金的重要信息。

第四节　利润表的编制

本节关键词：
利润表、利润表的概念、利润表的编制

本节内容提要：

（1）了解利润表的概念。

（2）了解利润表的种类。

（3）了解利润表的计算公式和编制要求。

（4）了解利润表的编制方法。

（5）了解利润表的作用。

利润表反映企业一段时间的盈利情况，编制利润表有利于会计报表的使用者判断企业未来的发展趋势，并做出经济决策。

一、利润表的概念

利润表是反映企业一定会计期间（如月度、季度、半年度或年度）生产经营成果的会计报表。企业一定会计期间的经营成果既可能是盈利，也可能是亏损，因此，利润表也称为损益表。它全面揭示了企业在某一特定时期实现的各种收入，发生的各种费用，成本或支出以及企业实现的利润或发生的亏损情况。

利润表是根据"收入－费用＝利润"的基本关系来编制的，其具体内容取决于收入、费用、利润等会计要素及其内容，利润表项目是收入、费用和利润要素内容的具体体现。从反映企业经营资金运动的角度看，它是一种反映企业经营资金动态表现的报表，主要提供有关企业经营成果方面的信息，属于动态会计报表。

填列利润表的依据是损益类本期的发生额。收入类项目填列在相应的收入类会计科目中的贷方发生额，借方发生额中填列各项费用的支出。另外还有一些项目要先进行计算，再分类填列。

二、利润表的种类

利润表正表的格式分为两种：单步式利润表和多步式利润表。

表 9-1 单步式利润表

编制单位：　　　　　　　　　　　年　月　　　　　　　　　　单位：元

项　目	行　次	本月数	本年累计数
一、收入			
主营业收入			
其他营业收入			
投资收益			
营业外收入			
收入合计			
二、费用			
主营业务成本			
主营业务税金及附加			
营业费用			
其他业务支出			
财务费用			
投资损失			
营业外支出			
所得税			
费用合计			
三、净利润			

　　单步式利润表是将本期的所有收入汇集在一起，将全部的经营费用列在一起，用收入合计减去经营经费合计，得出净利润。国外的企业大多采用单步式利润表。单步式利润表的格式简单，便于编制，但是缺少利润购成情况的详细资料。

　　多步式利润表则是通过多步计算，对当期的收入、支出、费用按照性质进行归类，按照利润形成的环节，列出一些利润指标，如主营业务利润、营业利润等，分步计算当期净利润。根据我国现行会计制度的要求，采用多步式利润表。

　　多步式利润表可以分四步来计算企业的利润：

　　第一步：以主营业务收入为基础，减去主营业务成本，计算出主营业务毛利。

　　第二步：以主营业务毛利为基础，减去营业费用税金、管理费用等，计算出营业利润。

第三步：营业利润加上投资净收益、补贴收入、营业外收入，减去营业外支出，得到利润总额。

第四步：用利润总额减去所得税，得出本期净利润。

表 9-2　多步式利润表

编制单位：　　　　　　　　　　年　月　　　　　　　　　　单位：元

项　目	行　次	本年金额	上年金额
一、营业收入			
减：营业成本			
营业税金及附加			
销售费用			
管理费用			
财务费用			
资产减值损失			
加：公允价值变动收益（损失以"-"号填列）			
投资收益（损失以"-"号填列）			
其中：对联营企业和合营企业的投资收益			
二、营业利润（亏损以"-"号填列）			
加：营业外收入			
减：营业外支出			
三、利润总额（亏损总额以"-"号填列）			
减：所得税费用			
四、净利润（净亏损以"-"号填列）			
五、每股收益			
其中：基本每股收益			
稀释每股收益			

三、利润表的计算公式和编制要求

1. 利润表的计算公式

在会计年度末，所有账目必须平账。所有账目的余额都需放在试算表里。会计需根据簿籍上的资料制作利润表和资产负债表，部分公司除制作这两个财务报表外，还会制作现金流量表和股东权益变动表。公司会先计算公司的净销售和销货成本，得到这两个项目的数目后就可计算毛利。将收入和支出的总和相减后就可计算纯利亏损。

计算毛利的方法：

毛利＝净销售－销货成本

净销售＝销售－销货退回与折让

销货成本＝期初存货＋购货－购货退回与折让－购货运费－期末存货

计算纯利的方法：

纯利＝所有收入－所有支出

2. 利润表的编制要求

利润表中提供的资料和数据必须是真实的，是企业实际的经济业务，真实性是法律对会计工作的强制要求，也是企业会计工作的具体要求；还要保证利润表的完整性，只要属于会计核算范围内的交易事项都要记入和纳入。在编制利润表前要对资产进行查清，账簿之间进行核对，在规定时间内编制。

四、利润表的编制方法

利润表可分为表头和表体两部分。表头部分主要描述报表名称、编制单位、编制日期和货币计量单位等内容。表体部分描述企业会计核算的各项内容指标，而且各项指标的金额依据有关账户、账簿的发生额填写。

（1）利润表"本月数"栏反映各项目本月实际发生数。企业每月各项损益类账户余额数据在这栏具体填列。"本年累计"栏在填充当月数据后，加计上月利润表"本年累计"栏相应的数据得出。在编制年度会计报表时，利润表的"本月数"栏改为"上年数"栏，填入上年度全年累计发生数。如果上年度利润表的项目名称与本年度利润表的项目名称不一致，应对上年度利润表的项目名称和数字进行调整，并按调整后的数字填入本年度利润表的"上年数"栏。

（2）编制利润表的依据是企业当期的"本年利润"明细账。在编制时，有些项目只要照账填列；但有些项目，如"本年利润"明细账记录的"主营业务收入"和"主营业务成本",多是分经营部门和有关经营品种反映的。所以必须进行归纳汇总后填入"利润表"的"主营业务收入"和"主营业务成本"项目。

五、利润表的作用

1. 有助于分析和预测企业的经营成果和获利能力

经营成果反映企业的财富增长规模,获利能力是企业运用一定的经济资源获取经营成果的能力。经营成果的信息由利润表直接反映,利润表直接揭示了企业一定时期的经营成果,对企业不同时期的指标进行比对,就可以分析预测企业未来的获利能力,并以此为依据对是否投资、投资方向、投资数量做出决策。

2. 有助于考核企业管理者的经营业绩

利润表提供盈利方面的资料,属综合性信息。一方面,它是企业在经营、理财、投资等各项活动中成效的直接体现,基本上能够反映企业管理者的业绩;另一方面,企业管理者通过利润表进行分析,找出差距,改进策略,改善经营管理,帮助管理者做出投资决定。董事会和股东由利润表反映的收入、收益信息等信息评价管理者业绩,对管理者进行考核和奖励。

3. 有助于预测企业未来的利润水平和现金流量

企业管理者对利润表的各个构成部分进行分析,发现存在的问题,改正并作出合理的决策。企业的现金流入主要是盈利产生的,利润表提供的大量信息,对预测企业未来的盈利水平和现金流量起了很大的作用。

第五节　会计报表附注

本节关键词：

会计报表附注的概念、会计报表的编制方法、会计报表的形式

本节内容提要：

（1）了解会计报表附注的概念和编制原因。

（2）了解会计报表附注编制的形式。

（3）了解会计报表附注的内容。

（4）了解会计报表的重要性及存在的问题。

附注是会计报表不可或缺的部分，报表使用者要想详细了解企业的财务情况，就要仔细阅读附注。

一、会计报表附注的概念和编制原因

会计报表附注是会计报表的重要组成部分，是对会计报表本身无法或难以充分表达的内容和项目所做的补充说明和详细解释。附注对资产负债表、利润表、现金流量表等报表进行文字描述或记录详细资料，并进行说明。

编制会计报表附注的原因：

第一，拓展了企业财务信息的内容，打破了三张主要报表必须符合会计要素的定义，同时又满足其相关性和可靠性的限制。

第二，揭示项目必须用货币计量的局限性。

第三，满足了为企业使用者使用企业会计报表提供经济决策信息的要求，做出正确的预测和决策。

第四，提高会计信息的可比性。

例如，通过揭示会计政策的变更原因及事后的影响，可以使不同行业或

同一行业不同企业的会计信息更具可比性，便于进行对比分析。

二、会计报表附注编制的形式

会计报表附注的编制形式灵活多样，常见的有以下六种：

（1）尾注说明。这是附注的主要编制形式，一般适用于说明内容较多的项目。

（2）括弧说明。在会计报表的有关项目旁边用括弧加注说明，补充信息。因为它把补充信息直接纳入会计报表主体，所以比起其他形式来，显得更直观，不易被使用者忽视，但是内容过于简短。

（3）备抵账户与附加账户。设立备抵账户与附加账户，在会计报表中单独列示，能够为会计报表使用者提供更多有意义的信息，这种形式目前主要是指坏账准备等账户的设置。

（4）脚注说明。指在报表下端进行的说明，例如，说明已贴现的商业承兑汇票和已包括在固定资产原价内的融资租入的固定资产原价等。

（5）补充说明。对主会计报表无法列出的详细数据、分析资料，用补充报表的方式反映出来。例如，可利用补充报表的形式来揭示关联方的关系和交易等内容。

（6）简洁文字说明，指附在会计报表后面用文字和数据所做的补充说明。

三、会计报表附注的内容

（1）企业的基本情况。企业应在附注中披露的内容有企业概况、业务性质、经营活动、经营范围和企业结构等内容，对报出的财务报告有权进行修改，必要时，还可以对上市改组时资产的剥离情况进行说明。

（2）企业的会计政策。包括企业执行的会计制度、会计期间、记账原则、计价基础、利润分配办法等内容，对于需要编制合并报表的企业来说，还要说明其合并报表的编制方法；对于会计政策与上年相比发生变化的企业，应说明其变更的情况、原因及对企业财务状况和经营成果的影响。根据相关法律法规的规定，企业编制的财务报表必须符合企业会计准则的要求，真实地、完整地反映企业的财务状况、经营成果等相关信息。

（3）会计报表主要项目附注。包括对报表主要项目的详细说明，例如，对应收账款的账龄分析，报表项目的异常变化及其产生原因的说明等。

（4）分行业资料。如果企业的经营涉及不同的行业，且行业收入占主营业务收入的10%（含10%）以上的，应提供分行业的有关数据。

（5）重要事项的揭示。主要包括对承诺事项、或有事项、资产负债表日后事项和关联方交易等内容的说明。对非重要性的会计政策和相关的会计估计可以不披露，判断的依据是相关项目的性质和金额。随着报表内容的日益复杂化，以文字辅以数字来表述的会计报表附注的内容也将进一步增加以下信息：

1）有助于理解财务报表的重要信息。

2）采用与报表不同基础编制的信息。

3）对可以反映在报表内，但基于有效交流的原因而披露在其他部分的信息。

4）用于补充报表信息的统计资料。

四、会计报表的重要性及存在的问题

1. 会计报表附注的重要性主要体现在以下几个方面

（1）提高会计信息的相关性、可靠性和可理解性。相关性和可靠性是会计信息的基本质量特征。但是由于财务会计的局限性，两者在很多时候往往不可兼得。财务报表附注的披露在不降低财务信息可靠性的前提下提高信息的相关性。例如对有些事项的处理，因为事项发生的不确定性从而不能直接在主表中确认，等到可以完全确认或者基本可以预期的时候，没有及时补充而损伤了信息的相关性。会计报表反映企业有关财务状况和经营成果，内容受到一定的限制，会计报表附注则对表中数据进行解释说明，有利于报表使用者理解。为此，通过在财务报表附注中进行披露，揭示或就有关事项的类型和影响加以说明，以此来提高信息的相关性。

（2）增进不同行业与不同企业信息的可比性。会计信息是由多种因素综合促成的，例如经济环境的不确定性、不同行业的不同特点、各个企业前后各期情况的变化等，都会降低不同企业之间会计信息的可比性和一贯性。如果变动原来的处理方法，可能会影响各个时期的可比性，必须通过会计报表注释加以说明，消除指标的缺陷。向投资者传递相关信息，使投资者能够"看透"会计方法的实质，而不被会计方法所误导。

（3）与财务报表主表的不可分割性。财务报表主表与财务报表附注的关系可概括为：主表是根，附注是补充。没有主表，附注就失去了依靠；而没有附注恰当的补充，主表的功能就难以有效地实现。

2. 存在的问题

财务报表附注的影响很大，但是其本身还存在一定的问题：

（1）信息披露不充分。附注信息的作用有效，是充分性的表现。但是考察我国各企业的情况，很难让人满意。例如对关联方交易的披露，有的企业写得很少，甚至模糊不清，缺乏对主要投资人、关键管理人等的介绍，有的甚至是空白。

（2）附注内容滞后。一些企业故意把一些内容写得滞后。例如把一些应及时公布的事项延期披露；因为一些企业的管理部门及会计人员的素质有待提高，没有正确理解附注应该披露哪些内容。

（3）存在虚假信息。在附注中添加一些虚假信息。局外人很难发现，很容易被误导，做出错误的决定，造成一定的经济损失。对于一些重要事项的说明，不少企业选择不实的陈述。

第十章 酒店会计制度与组织管理

第一节 会计机构与会计人员

本节关键词：

会计机构、会计人员

本节内容提要：

（1）了解会计结构的概念和组织结构。

（2）了解会计人员的职责和权限。

会计机构和会计人员是每个企业都要具备的，是必不可少的，没有他们企业将会陷入混乱。

一、会计机构

1. 会计机构的概念

会计机构（Accounting Department）指的是"单位内部所设置的会计机构、专门办理会计事项的机构"。会计机构和会计人员是会计工作的主要承担者。

《会计法》第三十六条明确规定："各单位应当根据会计业务的需要，设置会计机构，或者在有关机构中设置会计人员并指定会计主管人员；不具备条件设置的，应当委托经批准设立从事会计代理记账业务的中介机构代理记账。"

设立会计机构，要与公司管理制度和组织结构相适应；与单位经济业务的性质和规模适应；与自己企业的会计工作组织形式相适应；与其他管理机构协调发展；体现精简高效。依据上述内容来判断设置什么性质的会计机构；是否单独设置会计机构；设置几级的会计机构；会计机构能否与其他管理机构分工合作等问题都要考虑到。

2. 会计机构的三种类型

（1）国家管理部门设置的会计机构。《会计法》规定，国务院财政部门是主管全国会计工作的机构，地方各级人民政府的财政部门是主管该地区会计工作的机构。国家各级管理部门分别设置会计司、处、科等。

国家管理部门会计机构的主要任务包括组织、指导、监督所属单位的会计工作；审核、汇总所属单位上报的会计报表；核算本单位和上、下级之间缴、拨款等事项。

已经开始实行的会计人员资格考试这一工作由各级财政部门组织完成。还有很多方面，例如会计人员继续接受教育培训、会计事务所的管理、会计知识竞赛等。

此外，各级财政部门下属的会计机构还需要完成的任务有：会计准则的制定、修订与解释，会计准则示范性指南或示范性会计制度的制定工作；会计人员的专业技术资格考试；其他有关会计事项。

（2）行政事业单位设置的会计机构。行政、事业单位设置的会计机构，不仅需满足对经费收支及时进行核算和报告的要求，也需遵循内部控制的原则，以保证该单位预算资金的安全与合理使用。

在市场行政事业单位会计与企业单位会计经济的影响、推动下，随着我国政治体制改革的不断深入，全额预算的行政事业单位将越来越少，除国家机关外，大部分事业单位都实行了企业化管理和核算，他们通过各种有偿服务的方式取得收入。其会计机构的设置比全额预算单位复杂得多。

对于盈利活动多且复杂的事业单位，其会计机构的设置可比照企业单位进行。

（3）企业单位设置的会计机构。自负盈亏、自主经营的企业单位需设立会计机构。一般情况下，除了那些规模小、业务简单不需要设立专门会计机构的单位外（但必须进行正常的会计核算），所有的企业单位都必须设置会计机构。

但是每个企业设立的会计机构都有细微的区别。每个酒店都是不一样的，但是大纲都是一样的。酒店会计机构组成如图 10-1 所示。

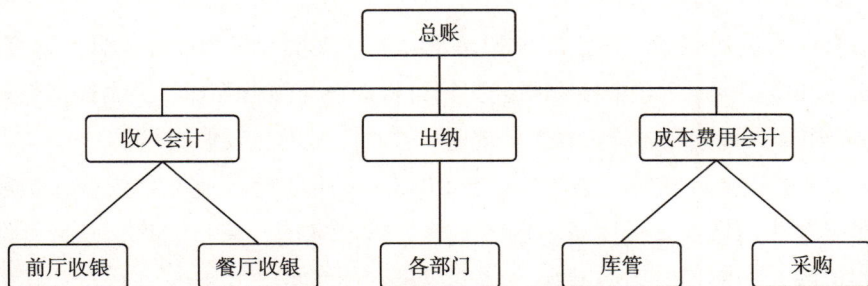

图 10-1　酒店会计机构组成

二、会 计 人 员

1. 会计人员的定义

会计人员是具体承担一个单位会计工作的人员，是从事会计工作的专职人员，古时被称为柜吏。在我国，可根据职位和岗位的不同划分不同的层次，有会计部门负责人、主管会计、会计、出纳等；根据专业技术职务的不同可分为高级会计师、会计师、助理会计师、会计员等。

要从事会计工作就必须具备从业证。它是从事会计行业唯一合法的有效证件，也是会计人员迈入会计行业门槛的最基本条件，所以会计从业资格证是考会计职称的前提条件。

根据我国会计法的规定，会计人员应具备必要的专业知识；总会计师由具有会计师以上专业技术任职资格的人员担任；国有企业、事业单位的会计机构负责人、会计主管人员的任免应当经过主管单位同意，不得任意调动或者撤换；会计人员忠于职守，坚持原则，受到错误处理的，主管单位应当责成所在单位予以纠正；玩忽职守，丧失原则，不宜担任会计工作的，主管单位应当责成所在单位予以撤职或者免职；会计人员调动工作或者离职，必须与接管人员办理交接手续，一般人员办理交接手续，由会计机构负责人、会计主管人员监交。会计机构负责人、会计主管人员办理交接手续，由单位领导人监交，必要时可以由主管单位派人会同监交。

2. 会计人员的职责

会计人员的职责，概括起来就是及时提供真实可靠的会计信息，认真贯彻执行和维护国家财经制度和财经纪律，积极参与经营管理，提高经济效益。根据《中华人民共和国会计法》的规定，会计人员的主要职责是：

（1）进行会计核算。会计人员要以实际发生的经济业务为依据，记账、算账、报账，做到手续完备，内容真实，数字准确，账目清楚，日清月结，按期报账，如实反映财务状况、经营成果和财务收支情况。进行会计核算，及时提供真实可靠的、能满足各方需要的会计信息，是会计人员最基本的职责。

（2）实行会计监督。各单位的会计机构、会计人员对本单位实行会计监督。会计人员对不真实、不合法的原始凭证，不予受理；对记载不准确、不完整的原始凭证，予以退回，要求更正补充；发现账簿记录与实物、款项不符时，应当按照有关规定进行处理；无权自行处理的，应当立即向本单位行政领导人报告，请求查明原因，做出处理；对违反国家统一的财政制度、财务制度规定的收支，不予办理。

（3）拟订本单位办理会计事务的具体办法。

（4）参与拟定经济计划、业务计划，考核、分析预算、财务计划的执行情况。

（5）办理其他会计事务。

3. 会计人员的权限

为了保障会计人员能切实履行《会计法》规定的职责,《会计法》同样赋予他们相应的、必要的权限。

(1) 会计人员遵守各企业部门的会计法规,如有弄虚作假、违法的原始凭证,不予理会,还要扣留,向上级领导报告,追查原因,追究当事人的责任。

(2) 有权监督本企业的经济活动。它是指会计人员有权检查和监督本企业各部门、单位的财务收支、资金使用和财产保管、收发、计量、检验等情况。

(3) 有权参与本企业的重要经济决策。这是指会计人员有权参与企业编制的预算、制定定额、签订经济合同;有权参加经营管理会议,并有权向企业领导人提出财务开支和经济效益方面的问题和意见。

无论是酒店的会计人员还是非酒店企业的会计,他们的责任和应尽的义务是一样的,维护企业的合法权益和利益,遵守《会计法》,抵制一切违法行为。不同之处在于各个企业制定的规章制度不同,对会计人员的要求不一样。

第二节　会计核算与会计监督

本节关键词:

会计核算、会计监督

本节内容提要:

(1) 了解会计核算的概念及方法结构。

(2) 了解会计监督的概念及分类内容。

(3) 了解会计核算和会计监督的关系。

会计核算与会计监督对企事业单位的经济运行越来越重要,而且在经济效益最大化方面有着非常重要的作用。

一、会 计 核 算

1. 会计核算的概念

会计核算也称为会计反映，以货币为主要计量尺度，对会计主体的资金运动进行反映。主要指对企业、机关、事业单位或其他经济组织已经发生或已经完成的经济活动进行事后核算，为经营决策的制定和国民经济计划的综合平衡提供可靠的信息和资料。

会计核算是会计工作的基础，在我国，会计核算必须遵守《中华人民共和国会计法》和有关财务制度的规定，符合有关会计准则和会计制度的要求，力求会计资料真实、正确、完整，保证会计信息的质量。《中华人民共和国会计法》明确规定，下列事项必须办理会计手续，进行会计核算：①款项和有价证券的收付；②财物的收发、增减和使用；③债权、债务的发生和结算；④资金的增减和经费的收支；⑤收入、费用、成本的计算；⑥财务成果的计算和处理；⑦其他需要办理会计手续、进行会计核算的事项。以上是会计核算的方法，是会计核算工作中不可缺少的步骤。

2. 会计核算的主要方法

会计核算方法是对会计对象（会计要素）进行完整的、连续的、系统的反映和监督所应用的方法。

（1）设置会计科目。设置会计科目是对会计对象的具体内容分类进行核算的方法。会计科目则是对会计对象的具体内容分类进行核算的项目。根据这些项目在账簿中开立账户，分类、连续记录各项经济业务，反映各项会计要素的增减变动情况和结果，为企业管理提供指标。

（2）复式记账。复式记账是与单式记账相对称的一种记账方法。这种方法的特点是对每一项经济业务都要以相等金额，同时记入两个或两个以上有关账户。通过账户的对应关系，可以了解有关经济业务的来龙去脉；通过账户的平衡关系，可以检查有关业务的记录是否正确。

（3）填制和审核凭证。会计凭证是记录经济业务、明确经济责任的书面证明，是登记账簿的依据。凭证必须经过会计部门和有关部门的审核。只有经过审核并认为正确无误的会计凭证，才能作为记账的根据。填制和审核会计凭证，不仅为经济管理提供真实可靠的数据资料，也是实行会计监督的一个重要方面。

（4）登记账簿。账簿是用来全面、连续、系统地记录各项经济业务的簿籍，是保存会计数据资料的重要工具。登记账簿就是将会计凭证记录的经营业务，序时、分类地记入有关簿籍中设置的各个账户。登记账簿必须以凭证为依据，并定期进行结账、对账，以便为编制会计报表提供完整而有系统的会计数据。

（5）成本计算。成本计算是指在生产经营过程中，按照一定对象归集和分配发生的各种费用支出，已确定该对象的总成本和单位成本的一种专门方法。通过成本计算，可以确定材料的采购成本、产品的生产成本和销售成本，可以反映和监督生产经营过程中发生的各项费用是节约或超支，并据此确定企业经营盈亏。

（6）财产清查。财产清查是指通过盘点实物、核对账目，保持账实相符的一种方法。通过财产清查，可以查明各项财产物资和货币资金的保管和使用情况，以及往来款项的结算情况，监督各类财产物资的安全与合理使用。在清查中如发现财产物资和货币资金的实有数与账面结存数不一致，应及时查明原因，通过一定审批手续进行处理，并调整账簿记录，使账面数额与实存数额保持一致，以保证会计核算资料的正确性和真实性。

（7）编制会计报表。会计报表是根据账簿记录定期编制的、总括反映企业和行政事业单位特定时点（月末、季末、年末）和一定时期（月、季、年）的财务状况、经营成果以及成本费用等的书面文件。会计报表提供的资料，不仅是分析考核财务成本计划和预算执行情况及编制下期财务成本计划和预算的重要依据，也是进行经济决策和国民经济综合平衡工作必要的参考资料。

3. 酒店会计核算的特点

（1）时间性。酒店活动是时间性很强的消费行为。酒店消费活动行为产生一系列的费用，如财政收支、成本费用在很短的时间内产生，因此在会计核算上就表现为时间性强，所以特别要求营业收入的核算记账清楚、结账准确，在客人离开时准确无误地结账，否则就会出现漏账甚至跑账的现象。

（2）综合性。酒店是综合性的行业，为了满足消费者的食、住、行、游、购、娱等多种需求，就要涉及很多行业和部门，为多种不同类型的业务提供服务，只有各部门通力协作，才能保证游客的整体需求得到满足。酒店经营范围广、业务复杂多样的特点也会反映到会计核算上，这就要求酒店企业的会计核算和方法要具备综合性。

（3）涉外性。酒店也涉及国与国之间人际交往的产业，所以具有涉外性。酒店是跨越国界的交际场所，因此我国酒店的会计不仅需要满足国内财务的要求，还要满足不同国家的财务需求，这是涉外性质的表现。酒店企业的会计必须以外币为结算单位进行外汇收支的核算，按照国家外汇的管理条例正确核算外汇收支业务。

4. 酒店会计核算的任务

（1）及时正确反映酒店的经营活动，提供财务信息。只有正确提供相应的财务信息，提供给领导层，使其了解企业经济活动、财政收支、运营情况，才能为董事会的经济决策提供依据。另外，政府部门、债权人、投资者可以更加了解企业的重要信息。

（2）监督企业经济活动，维护国家财政法规制度，保障经营。市场经济活动是以法律法规和市场规则为特征的制度经济。所以酒店在经营服务过程中，要严格执行国家的政策，维护自身合法权益。

（3）加强经济核算，提高酒店经济效益。酒店作为自主经营、自负盈亏的经济企业，在市场竞争中，只有全面核算企业经营费用收支，并以这些信息为依据，执行经济策略，才能提高经济效益。

保护企业财产的完整和安全。酒店的财产是进行经营的物质基础。只有通过会计核算，全面监督各项财产的收入、销售、结存情况，建立健全制度，对损坏物资、短缺物品查明原因，明确个人的责任，才能保护酒店财产的安全。

二、会 计 监 督

1. 会计监督的概念

会计监督（Accounting Supervision）是会计机构和会计人员依照法律的规定，通过会计手段对经济活动的合法性、合理性和有效性进行的监督。狭义的会计监督是会计的基本职能之一，是单位内部会计监督的一部分，是会计人员根据国家的财经政策、会计法规，利用会计所提供的信息，对会计主体经济活动进行的全面的监督和控制，使其达到预期目标的功能。

监督酒店经济活动全过程，正确依据整体酒店政策、规定计划和预算，保证酒店经营活动的真实、合法、合理、可参考。会计监督的目的是促使酒店加强经济管理，正确合理使用资金，提高经济效益。

2. 会计监督的分类

（1）主体会计监督。主体会计监督的主体是指由谁来实行会计监督，《中华人民共和国会计法》第十六条规定："各单位的会计机构、会计人员对本单位实行会计监督。"这一规定明确了会计人员是会计监督的主体。会计人员作为会计监督的根本，具有特殊性。这是因为会计人员是国家财政法规的维护者又是企业的经济管理人员，要维护企业的经济利益。双重身份表现了会计监督的复杂性和艰巨性。

（2）种类会计监督。种类会计监督可以按不同的标准进行分类：

1）按监督实行的时间，可以分为事前监督、事中监督和事后监督。事前监督是对将要发生的经济活动进行会计监督；事中监督是对正在发生的经济活动进行会计监督；事后监督是对已经发生的经济活动进行会计监督。事前监督与事中监督有利于及时发现问题、及时采取补救措施，防患于未然；事后监督便于全面、真实、准确地检查经济活动的全过程，提高会计监督的准确性。

2）按监督的要求不同，可以分为政策性监督和技术性监督。政策性监督是检查单位的经济活动是否符合国家有关政策、法规，着眼于经济活动的真实性和合法性。技术性监督是检查单位的经济活动是否符合财务会计的核算要求，着眼于经济活动的准确性、完整性和全面性。

3. 会计监督的内容

（1）对会计资料进行监督，以保证会计凭证、会计账簿、会计报表等会计资料的真实、完整、准确、合法。若有不相符的资料，按照国家的有关规定自行处理，无权处理的向企业负责人报告。

（2）对各种财政收支进行监督，以保证财产、资金的安全完整与合理使用，符合财务制度的规定。

（3）对经济合同、经济计划及其他重要经营管理活动进行监督，以保证经济管理活动的科学、合理。

（4）对成本费用进行监督，以保证用尽可能少的投入，获得尽可能多的产出；对利润的实现与分配进行监督，以保证按时上缴税金和进行利润分配。

（5）对企业的财产进行监督，保证财产的安全和完整。酒店的会计人员必须真实全面反映酒店的经济业务，对不相符的账簿要查明原因，进行处理。

4. 会计监督的特点

（1）会计监督与会计核算同时进行，因此具有基础性、完整性和连续性。会计监督贯穿于企业的整个经济活动，不但反映企业的各项经济活动，还要审核是否有违法活动。它是外部监督的基础，其他监督形式都是在会计监督之后借助已经过会计监督的资料进行再监督。

（2）会计监督主要具有综合性。会计监督贯穿经济活动全过程，而且会计监督是全方位的，企业的资产、负债、所有者权益、收入、费用和利润等，都会反映到会计工作中。会计监督贯穿经济活动，而且涉及经济活动的各个方面，所以具有综合性。

（3）会计监督具有强制性和严肃性。会计监督是借助国家的财经法规和财经纪律所赋予的权力，因此，这种监督具有强制性。不仅赋予会计人员实行监督的权力，而且规定了被检查单位必须如实提供会计凭证、会计账簿、财务会计报告、其他会计资料以及有关情况，如有拒绝、隐匿、谎报等违法行为，应当承担相应的法律责任。

（4）会计监督具有双重性。会计工作是经济管理的重要组成部分，会计人员以参与者的身份直接进入经济活动之中，进行核算反映、控制和监督，这是其他经济监督所办不到的。因此，会计人员具有双重身份，既是参与者，又是监督者。这就决定了会计监督具有双重职能，不仅为了本单位的微观经济事业管理和提高经济效益实行会计监督，也为了国家宏观经济管理和提高全社会的经济效益而实行会计监督。

（5）会计监督具有合理性和合法性。合法性就要求企业必须在国家的法律范围进行监督，企业的各项决策都要符合法律规范。合理性则指企业的发展符合客观经济规律。对于那些违背经济规律的活动，会计人员有权制止并纠正。

第三节　酒店组织管理

本节关键词：

酒店组织管理、酒店组织设计的原则

本节内容提要：

（1）了解酒店组织管理的概述。

（2）了解酒店组织结构的类型。

（3）了解酒店组织结构的层次。

（4）了解酒店组织管理制度。

（5）了解酒店组织设计的原则。

组织管理是企业针对每个岗位制定相应的规章制度，以求达到预期目标，组织管理是酒店的制度，没有了酒店管理，酒店就会陷入混乱。

一、酒店组织管理概述

组织管理是建立合理合法的组织结构，制定组织的规章制度、行为规范，结合企业的人力、物力、财力及其他资源分工合作，以求实现目标。酒店组织管理则是对酒店全体员工的分工合作进行管理。组织管理贯穿于酒店各环节，是酒店的重要支柱。

酒店分类杂、员工多、管理难度大，要保障其目标的实现，就要遵循以下原则：①团结统一原则；②指挥统一原则；③指导目标原则；④组织授权原则；⑤高效、迅速、精简原则。

二、酒店组织结构的类型

可以分为直线制组织结构、直线职能制组织结构、事业部制组织结构、矩阵形组织结构。

（1）直线制组织结构是按照垂直领导的组织形式，设置几个职能部门，一个职能部门具有多种管理职能。有利于统一指挥，职责分明，但是要求管理者具有全面的知识和才能（见图10-2）。

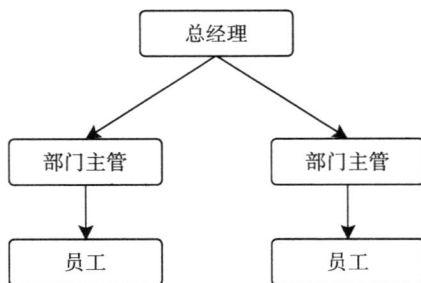

图 10-2 直线制组织结构

（2）直线职能制组织结构，将部门分成直线部门和职能部门。直线部门的员工面对客人，与客人有近距离的接触，向客人提供服务，负责酒店的收入。大多职能部门主要做幕后工作，与客人接触的很少，不参与生产服务，也不产生收入。业务部门相对独立，能够执行自己的管理职能，按照专业化原则进行组织管理；容易造成权力过于集中，分权受到影响（见图10-3）。

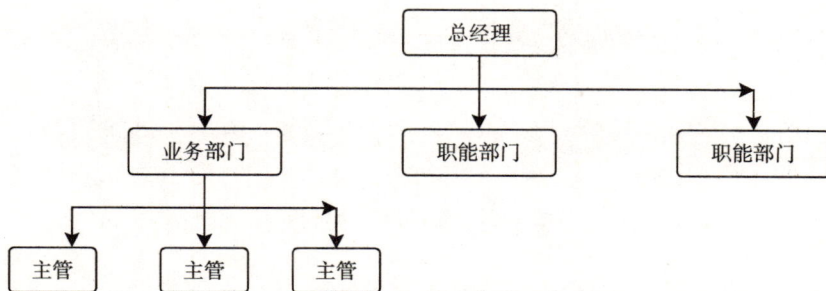

图10-3　直线职能制组织结构

（3）事业部制组织结构，是在公司总经理管辖下设置的几个事业部，各自在经营管理上拥有自主权，属于分权管理。有利于减轻高层管理者的压力，发挥各自的积极性，增强企业活力和竞争力，但是会造成各业务部门之间的协调困难，各部门职能部门重复，支出费用高（见图10-4）。

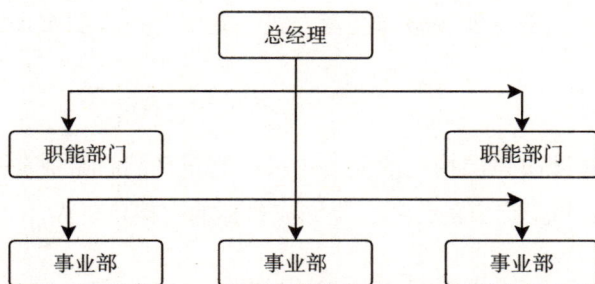

图10-4　事业部制组织结构

（4）矩阵形组织结构，在直线职能制组织结构的基础上，再增加一套横向的领导系统，由职能部门和为了完成某项专门临时任务组建的项目小组共同完成。灵活性、适用性较强，有利于人员发挥潜能和人才的培养，但是很容易产生矛盾（见图10-5）。

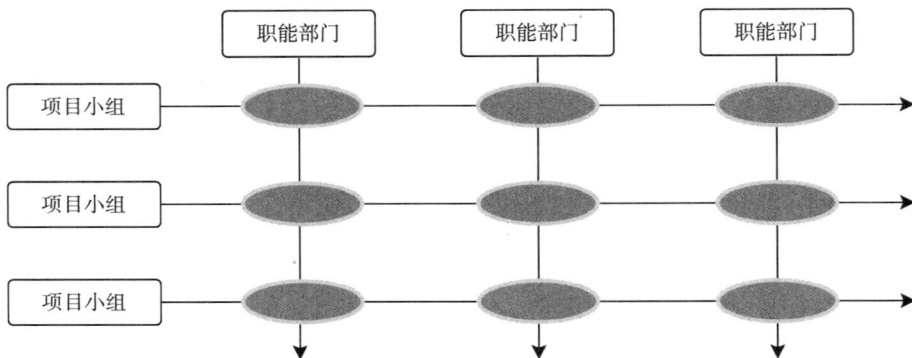

图 10-5　矩阵形组织结构

三、酒店组织结构的层次

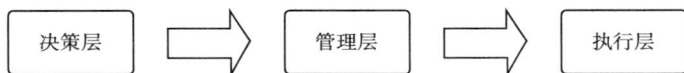

图 10-6　酒店组织结构层次

1. 决策层

决策层由总经理、副总经理等最高领导者组成，是酒店的最高管理阶层，负责制定酒店的长期发展战略和经营方式，确定开拓客源市场，对重大问题做出回答。

2. 管理层

管理层是按照决策层指定的经营决策，制定部门日常业务运转和经济活动。管理层起着承上启下的作用，是完成目标的直接负责人。

3. 执行层

执行层是酒店的基层管理人员，其任务是执行上层部门下达的任务，完成具体工作任务。

四、酒店组织管理制度

酒店的管理制度有两层含义：一是从宏观经济角度出发，如国家、地方、部门对酒店经济活动的管理规范；二是从微观经济角度出发，如从酒店内部进行的对经营活动的管理规范。

1. 总经理负责制

总经理负责制是酒店普遍采用的一种领导制度。总经理在酒店中处于中心位置，对酒店的经营管理负有全面责任，而且是酒店的法人代表。总经理拥有酒店的经营自主权和对员工的奖惩权。

2. 酒店经济责任制

酒店的经济责任制以提高经济效益为目标，达到国家、企业、个人利益相统一。责任、权力、利益相结合，以经济奖惩为手段，激发员工工作积极性，实现酒店经营目标，另外根据国家有关规定，对国家承担相应的经济责任。

3. 酒店岗位责任制

酒店具体规定各个部门及员工的岗位职责、拥有权限等责任制度。合理分设岗位，制定各部门的工作量和相互关系，明确各部门、各级管理人员的职责、服务流程和服务要求等，制定奖惩制度。

4. 员工守则

酒店员工都要遵守员工守则，其是酒店的根本制度，规定了酒店员工的权利、义务。主要包括酒店的规矩纪律、安全守则、奖惩制度、职工福利等内容。

5. 酒店管理方案

酒店的管理方案是根据酒店的基本原理和酒店特色，在一定时期内根据酒店的管理思想、内容所做的规定，酒店的管理方案也被称为酒店管理大纲。

五、酒店组织设计的原则

（1）专业化分工原则。将一个复杂的工作分解为许多相对简单的环节，把这些细分下来的环节交由一些人去操作。实行专业化分工可以将复杂的工作变简单，有利于操作速度和操作精度的提高。

（2）精简原则。将人员按照专业化分工后，根据工作的性质大小设定相应的岗位。使每个岗位所承担的工作量达到饱和，明确分工，实现高效。

（3）才职相称、权责对等原则。做到知人善任，人才适当，使员工的才能和承担的责任相适应。配备人员划清职责的同时，也要赋予对等的权限。

（4）统一指挥原则。酒店的指令实行逐级指挥，每个员工只听命于直接上司，对其他人的命令不予理睬，特殊情况除外。酒店不能越级指挥，否则组织会产生混乱。

（5）管理原则。管理原则可以分为两个层次，一是管理幅度，又称为管理宽度，指主管直接有效指挥下级人员的人数。二是管理层次，当一个组织完成规定的数量超过原来的管理幅度时，就需要两个甚至两个以上的指挥者分开治理，依此类推。酒店一般实行三层或者多层管理。

（6）有效控制、弹性原则。企业对组织中各部门的各个岗位进行有效控制，明确各部门的责任以及各部门之间的相互配合。管理要具有灵活性，管理系统要有可塑性。

附录一 会计人员承担的法律责任

会计人员在会计核算工作中，要承担一定的法律责任。2000年7月1日起施行的《中华人民共和国会计法》明文规定：

第三十八条 从事会计工作的人员，必须取得会计从业资格证书。

担任单位会计机构负责人（会计主管人员）的，除取得会计从业资格证书外，还应当具备会计师以上专业技术职务资格或者从事会计工作三年以上经历。

会计人员从业资格管理办法由国务院财政部门规定。

第三十九条 会计人员应当遵守职业道德，提高业务素质。对会计人员的教育和培训工作应当加强。

第四十条 因有提供虚假财务会计报告，做假账，隐匿或者故意销毁会计凭证、会计账簿、财务会计报告，贪污，挪用公款，职务侵占等与会计职务有关的违法行为被依法追究刑事责任的人员，不得取得或者重新取得会计从业资格证书。

除前款规定的人员外，因违法违纪行为被吊销会计从业资格证书的人员，自被吊销会计从业资格证书之日起五年内，不得重新取得会计从业资格证书。

第四十二条 违反本法规定，有下列行为之一的，由县级以上人民政府财政部门责令限期改正，可以对单位并处三千元以上五万元以下的罚款；对其直接负责的主管人员和其他直接责任人员，可以处二千元以上二万元以下的罚款；属于国家工作人员的，还应当由其所在单位或者有关单位依法给予行政处分：

（一）不依法设置会计账簿的；

（二）私设会计账簿的；

（三）未按照规定填制、取得原始凭证或者填制、取得的原始凭证不符合规定的；

（四）以未经审核的会计凭证为依据登记会计账簿或者登记会计账簿不符合规定的；

（五）随意变更会计处理方法的；

（六）向不同的会计资料使用者提供的财务会计报告编制依据不一致的；

（七）未按照规定使用会计记录文字或者记账本位币的；

（八）未按照规定保管会计资料，致使会计资料毁损、灭失的；

（九）未按照规定建立并实施单位内部会计监督制度或者拒绝依法实施的监督或者不如实提供有关会计资料及有关情况的；

（十）任用会计人员不符合本法规定的。

有前款所列行为之一，构成犯罪的，依法追究刑事责任。

会计人员有第一款所列行为之一，情节严重的，由县级以上人民政府财政部门吊销会计从业资格证书。

有关法律对第一款所列行为的处罚另有规定的，依照有关法律的规定办理。

第四十三条 伪造、变造会计凭证、会计账簿，编制虚假财务会计报告，构成犯罪的，依法追究刑事责任。

有前款行为，尚不构成犯罪的，由县级以上人民政府财政部门予以通报，可以对单位并处五千元以上十万元以下的罚款；对其直接负责的主管人员和其他直接责任人员，可以处三千元以上五万元以下的罚款；属于国家工作人员的，还应当由其所在单位或者有关单位依法给予撤职直至开除的行政处分；对其中的会计人员，并由县级以上人民政府财政部门吊销会计从业资格证书。

第四十四条 隐匿或者故意销毁依法应当保存的会计凭证、会计账簿、财务会计报告，构成犯罪的，依法追究刑事责任。

有前款行为，尚不构成犯罪的，由县级以上人民政府财政部门予以通报，可以对单位并处五千元以上十万元以下的罚款；对其直接负责的主管人员和其他直接责任人员，可以处三千元以上五万元以下的罚款；属于国家工作人员的，还应当由其所在单位或者有关单位依法给予撤职直至开除的行政处分；对其中的会计人员，并由县级以上人民政府财政部门吊销会计从业资格证书。

附录二　会计工作管理体制

一、概述

会计工作管理体制又称"会计准则"。它是建立在会计目标、会计假设及会计概念等会计基础理论之上具体确认和计量会计事项所应当依据的概念和规则。会计原则对于选择会计程序和方法具有重要的指导作用。

二、内容

我国财政部在其首次拟定的《中华人民共和国企业会计准则》中明文规定会计工作管理体制有4项内容。

1. 会计主体

会计主体（或称会计个体、会计实体，会计个体的说法往往会给人一种错觉，认为会计个体由某一个单位组成，会计实体的说法往往与会计客体的说法不对应）是指会计工作为其服务的特定单位或组织。

会计主体不一定是法律主体。它可以是独立的企业，也可以是一个企业内部的责任单位（如分厂），还可以是几个不同法律主体的企业（如编制合并会计报表的母公司和子公司或集团公司）。

企业有独资、合伙和股份公司三种形式。

会计主体的三个条件：①具有一定的资金；②进行独立的生产经营活动或其他活动；③实行独立决算。

我国企业会计准则第四条规定，"会计核算应当以企业发生的各项经济业务为对象，记录和反映企业本身的各种生产经营活动"。

2. 持续经营

持续经营作为会计核算的一个前提条件，其持续经营指会计主体的生产经营活动将会按既定目标正常地持续进行下去，在可以预见的将来，企业不会面临破产、清算，企业将按原定的用途使用其现有资产，同时也将按照原先承诺的条件清偿其债务。一句话，会计的出发点是企业的经营现状，对经营状态的预测不会改变。

在任何一个时点上，企业的前景只有两种可能，持续经营和停业清算。

有人认为，持续经营这一提法有片面性，只见到经营而见不到停业。

持续经营与下面阐述的历史成本计价原则有联系，如历史成本计价原则、一贯性原则、划分资本性支出和收益性支出原则。

我国企业会计准则第五条规定："会计核算应当以企业持续正常的生产经营活动为前提。"

3. 会计分期

会计分期也称会计期间假设，是指为及时提供企业财务状况和经营成果的会计信息，可以将连续不断的经营活动分割为若干相等的期间（月、季、年）来反映。按年划分的会计分期称为会计年度，年度以内还可分季、分月。要分别计算、报告各期的经营成果和财务状况，以便考核，进行对比，改善经营。我国会计年度与财政年度一致，以自然公历年份为准。

我国企业会计准则第六条规定："会计核算应当划分会计期间，分期结转账目和编制会计报表。会计期间分为年度、季度和月份。年度、季度和月份的起讫日期采用公历日期。"

4. 货币计量

货币计量是指企业的生产经营活动及其成果可以运用货币单位进行计量与反映，且其币值不变。其中要用货币来计量是进行会计工作的要求，但币值不变是一种假定，所以，笔者认为，货币计量前提最好改称为币值不变前提。一般在通货膨胀压力不大的情况下，货币计量实际上同时也假定币值不变。

货币计量还有一个缺陷，就是它把那些不能用货币度量的因素（纵然它们能传输的信息很重要），除了存货数量等一概排除在会计核算系统之外，如管理水平、人力资源、社会责任等。

我国企业会计准则第七条规定："会计核算以人民币为记账本位币……"这为确定历史成本原则、可比性原则提供了条件。

三、财务会计的一般原则

财务会计的一般原则是指对财务会计核算的基本要求作出规定，是对财务会计核算基本规律的高度概括和总结。我国企业会计制度和企业会计准则将财务会计的一般原则归纳为：客观性、实质重于形式、相关性、一贯性、可比性、及时性、明晰性、权责发生制、配比、实际成本、划分收益性支出与资本性支出、谨慎性和重要性 13 项原则。

1. 客观性原则

客观性原则是指会计核算应当以实际发生的交易或事项为依据，如实反映企业财务状况、经营成果和现金流量。

会计核算的客观性包括真实性和可靠性两方面。真实性要求会计核算的结果应当与企业实际的财务状况和经营成果一致；可靠性是指对于经济业务的记录和报告，应当做到不偏不倚，以客观的事实为依据，不被会计人员主观意志左右，避免错误并减少偏差。企业提供会计信息的目的是满足会计信息使用者的决策需要，因此，必须做到内容真实、数字准确和资料可靠。

2. 实质重于形式原则

实质重于形式原则是指企业应当按照交易或事项的经济实质进行会计核算，而不应当仅仅将它们的法律形式作为会计核算的依据。

在实际工作中，交易或事项的外在法律形式并不总能真实反映其实质内容。为了使会计信息真实反映企业财务状况和经营成果，就不能仅仅依据交易或事项的外在表现形式来进行核算，而要反映交易或事项的经济实质。违背这一原则，可能会误导会计信息使用者的决策。会计核算将以融资租赁方式租入的设备作为固定资产入账就是这一原则的具体体现。

3. 相关性原则

相关性原则亦称有用性原则，是指企业会计提供的信息应当能够反映企业的财务状况、经营成果和现金流量，以满足会计信息使用者的需要。

会计信息与使用者的决策密切相关，表现在提供的会计信息能帮助决策者预测未来，把握可能的结果，从而改善当前的决策；同时，提供的会计信息也能为决策者证实过去的决策产生的结果，从而修正或坚持原来的决策。因此，在会计核算中应坚持这一原则，在收集、加工、处理和提供会计信息的过程中，充分考虑会计信息使用者的信息需求。

4. 一贯性原则

一贯性原则是指企业的会计核算方法前后各期应当保持一致，不得随意变更。如有必要变更，应当将变更的内容、变更的累积影响数以及累积影响数不能合理确定的理由等，在会计报表附注中予以说明。

在会计核算中，经常会出现相同经济业务的会计处理有多种办法可供选择，例如存货发出的计价方法有先进先出法、后进先出法、加权平均法和个别认定法等。固定资产的折旧方法也有平均年限法、工作量法、年数总和法、双倍余额递减法等，企业可以在会计准则或制度允许的范围内选择使用。但是，在一般情况下，企业一经选定某种方法，就不得随意变更，如果企业在不同的会计期间采用不同的会计核算方法，将不利于会计信息使用者对会计信息的理解，不利于会计信息作用的发挥。当然也不是说企业所选择的会计核算方法不能做任何变更，在满足一定条件的情况下，企业也可以变更会计核算方法，并在企业财务会计报告中作相应披露。在会计核算中遵循一贯性原则，有利于提高会计信息的使用价值，可以防止某些企业和个人利用会计方法的变动而在核算上弄虚作假，粉饰财务会计报告。

5. 可比性原则

可比性原则是指企业的会计核算应当按照规定的会计处理方法进行，会计指标应当口径一致、相互可比。

这一原则不仅要求不同企业之间的会计信息要具有横向可比性，而且要求同一企业不同时期的会计信息要具有纵向可比性。不同的企业可能处于不同行业、不同地区，经济业务发生于不同时点，为了保证会计信息能够满足会计信息使用者的决策需要，便于比较不同企业的财务状况、经营成果和现金流量，只要是相同的交易或事项，就应当采用相同的会计处理方法。

6. 及时性原则

及时性原则是指企业的会计核算应当及时进行，不得提前或延后。

对会计信息使用者来说，会计信息与决策的相关性不仅表现在会计信息的真实可靠上，而且表现在会计信息时效性上，过时的会计信息其使用价值就会大大降低，甚至无效。在会计核算中，坚持这一原则就是要求及时收集会计信息、及时对会计信息进行加工处理、及时传递会计信息，以满足各方面会计信息使用者的决策需要。

7. 明晰性原则

明晰性原则亦称可理解性原则，是指企业的会计核算和编制财务会计报告应当清晰明了，便于理解和利用。

对会计信息使用者来说，要先弄懂财务会计报告反映的信息内容，才能加以利用，并作为决策的依据，因此，明晰性是会计信息质量的首要要求。明晰性原则就是要求会计核算提供的信息应当简明、易懂，能简单地反映企业的财务状况、经营成果和现金流量，能为大多数使用者所理解。在会计核算中只有坚持明晰原则，才有利于会计信息使用者准确、完整地把握会计信息的内容，从而更好地利用。

8. 权责发生制原则

权责发生制原则是指企业的会计核算应当以权责发生制为基础。凡是当期已经实现的收入和已经发生或应当负担的费用，不论款项是否收付，都应当作为当期的收入和费用；凡是不属于当期的收入和费用，即使款项已在当期收付，都不应作为当期的收入和费用。

权责发生制以权利取得和责任完成作为收入和费用发生的标志，有助于正确计算企业的经营成果。我国企业会计制度和会计准则要求企业在会计核算过程中以权责发生制为基础。与权责发生制相对应的一种收入和费用的确认方法是收付实现制，它是以收到或支付现金作为确认收入和费用的依据。目前，我国的行政单位采用收付实现制；事业单位除经营业务采用权责发生制外，其他业务也采用收付实现制。

9. 配比原则

配比原则是指企业在进行会计核算时，收入与成本、费用应当相互配比，同一会计期间的各项收入和相关的成本、费用，应当在该会计期间确认。

收入与费用的配比方式主要有两种：一是根据收入与费用之间的因果联系进行直接配比，如主营业务收入与主营业务成本相配比，其他业务收入与其他业务成本相配比；二是根据收入与费用项目存在的时间上的一致关系，将某些与特定的收入项目没有明显因果关系的费用项目，如广告费、办公费和经理人员工资等，与在同一期间的收入相配比。在会计核算中遵循配比原则，就是要求一个会计期间内的各项收入同与其相关联的成本、费用，应当在同一会计期间内进行确认、计量并登记入账，借以计算确定该期的损益。

10. 实际成本原则

实际成本原则亦称历史成本原则，是指企业的各项财产在取得时应当按照实际成本计量。其后，如果各项财产发生减值，应当按照规定计提相应的减值准备。除法律、行政法规和国家统一的会计制度另有规定外，企业一律不得自行调整其账面价值。

企业在会计核算上对资产、负债、所有者权益等项目的计量，应当基于交易或事项的实际交易价格或成本，这主要是因为实际成本具有客观性，便于查核；同时实际成本数据的取得和确定也比较容易。坚持实际成本原则能使会计核算资料具有客观性和可靠性。但是，如果企业的资产已经发生了减值，其账面价值不能反映其未来可收回金额，企业就应当按照规定计提相应的减值准备。

11. 划分收益性支出与资本性支出原则

划分收益性支出与资本性支出原则指企业的会计核算应当合理划分收益性支出与资本性支出。凡支出的效益仅及于本年度（或 1 个营业周期）的，应当作为收益性支出；凡支出的效益及于几个会计年度（或几个营业周期）的，应当作为资本性支出。

收益性支出是指为了取得本期收益而发生的，应从当期已实现的收益中得到补偿的支出；而资本性支出是指为当期、主要是为以后会计期间收入的取得而发生的，应由今后若干会计期间的收益来补偿的支出。这一原则要求企业在会计核算中将两类不同性质的支出区分开来，对于收益性支出，应计入当期损益，并在利润表中反映，以正确计算当期经营成果；应将资本性支出列入资产，反映在资产负债表中，根据其与以后各期收益的关系，将其价值分摊到以后各会计期间，以真实地反映企业的财务状况。如果企业将原本应计入资本性的支出计入了收益性支出，就会低估当期资产和收益；反之，则会高估当期资产和收益；所有这一切都不利于会计信息使用者正确理解企业的财务状况和经营成果，影响其作出正确决策。

12. 谨慎性原则

谨慎性原则亦称稳健性原则或称保守主义，是指当某些会计事项有不同的会计处理方法可供选择时，应尽可能选择一种不致虚增账面利润、夸大所有者权益的方法为准。

企业在进行会计核算时，应当遵循谨慎性原则的要求，不得多计资产或收益、少计负债或费用，但不得设置秘密准备。这一原则要求企业在面临经济活动中的不确定因素的情况下，作出职业判断并处理会计事项时，应当保持必要的谨慎，充分估计风险和损失，不高估资产或收到也不低估负债或费用。对于预计会发生的损失应计算入账，对于可能产生的收益则不预计入账。谨慎性原则在我国会计实务中有多种表现，如对固定资产计提折旧采用加速折旧法，物价上涨情况下存货计价采用后进先出法、对可能发生的各项资产损失计提减值准备等。当然，遵循这一原则并不意味着企业可以设置各种秘密准备，否则就属于滥用本原则，应当按照对重大会计差错更正的要求进行相应的会计处理，加以纠正。

13. 重要性原则

重要性原则是指企业在全面核算的前提下，对于在会计核算过程中的交易或事项应当区别其重要程度，采用不同的核算方式。对资产、负债、损益等有较大影响，并进而影响财务会计报告使用者据此作出合理判断的重要会计事项，必须按照规定的会计方法和程序进行处理，并在财务会计报告中予以充分、准确的披露；对于次要的会计事项，在不影响会计信息真实性和不误导财务会计报告使用者作出正确判断的前提下，可适当简化处理。

会计核算中遵循重要性原则就是要考虑提供会计信息的成本与效益问题，使得提供会计信息的收益大于成本，避免提供会计信息的成本大于收益的情况出现，在全面反映企业财务状况和经营成果的基础上，起到突出重点，简化核算，节约人力、物力和财力，提高会计核算的工作效率。在会计核算中，评价某些项目的重要性时，很大程度上取决于会计人员的职业判断。一般来说，应当从质和量两个方面进行分析。从性质上说，当某一事项可能对决策产生一定影响时，就属于重要项目；从数量方面来说，当某一项目的数量达到一定规模时，就可能对决策产生影响。

附录三 代理记账和会计从业资格

一、代理记账

1. 代理记账的概念

代理记账是指从事代理记账业务的社会中介机构接受委托人的委托办理会计业务。委托人是指委托代理记账机构办理会计业务的单位。代理记账机构是指从事代理记账业务的中介机构。

2. 代理记账的业务范围

代理记账机构可以接受委托办理委托人的以下业务：

（1）根据委托人提供的原始凭证和其他资料，按照国家统一的会计制度的规定进行会计核算，包括审核原始凭证、填制记账凭证、登记会计账簿、编制财务会计报告等。

（2）对外提供财务报告。经代理记账机构负责人和委托人签名并盖章后，按照有关法律、行政法规和国家统一的会计制度的规定，对外提供代理记账机构为委托人编制的财务报告。

（3）向税务机关提供税务资料。

（4）委托人委托的其他会计业务。

3. 委托代理记账的委托人的义务

（1）对本单位发生的经济业务事项，应当填制或者取得符合国家统一会计制度规定的原始凭证。

（2）应当配备专人负责日常货币收支和保管。

（3）及时向代理记账机构提供真实、完整的原始凭证和其他相关资料。

（4）对于代理记账机构退回的要求按照国家统一的会计制度规定进行更正、补充的原始凭证，应当及时予以更正、补充。

4. 代理记账机构及其从业人员的义务

（1）按照委托合同办理代理记账业务，遵守有关法律、行政法规和国家统一的会计制度的规定。

（2）对在执行业务中知悉的商业秘密应当保密。

（3）对委托人示意其作出不当的会计处理，提供不实的会计资料，以及其他不符合法律、行政法规和国家统一的会计制度规定的要求，应当拒绝。

（4）对委托人提出的有关会计处理原则问题应当予以解释。

二、会计从业资格

1. 会计从业资格的概念

会计从业资格是指进入会计职业、从事会计工作的一种法定资质，是进入会计职业的"门槛"。

2. 会计从业资格证书的适用范围

在国家机关、社会团体、公司、企业、事业单位和其他组织从事下列会计工作的人员（包括中国香港特别行政区、中国澳门特别行政区、中国台湾地区人员，以及外籍人员在中国大陆境内从事会计工作的人员），必须取得会计从业资格，持有会计从业资格证书。

（1）会计机构负责人（会计主管人员）。

（2）出纳。

（3）稽核。

（4）资本、基金核算。

（5）收入、支出、债权、债务核算。

（6）工资、成本费用、财务成果核算。

（7）财产物资的收发、增减核算。

（8）总账。

（9）财务会计报告编制。

（10）会计机构内的会计档案管理。

3. 会计从业资格的取得

（1）会计从业资格的取得实行考试制度。考试科目为：财经法规与会计职业道德、会计基础、初级会计电算化（或者珠算五级）。会计从业资格考试大纲由财政部统一制定并公布。

省、自治区、直辖市、计划单列市财政厅（局），新疆生产建设兵团财务局，中共中央直属机关事务管理局、国务院机关事务管理局、铁道部、中国人民武装警察部队后勤部和中国人民解放军总后勤部负责或参与组织实施会计从业资格考试有关工作。

（2）会计从业资格报名条件。申请参加会计从业资格考试的人员，应当符合下列基本条件：遵守会计和其他财经法律、法规；具备良好的道德品质；具备会计专业基本知识和技能。

（3）会计从业资格部分考试科目免试条件。申请人符合基本报名条件且具备国家教育行政主管部门认可的中专以上（含中专，下同）会计类专业学历（或学位）的，自毕业之日起 2 年内（含 2 年），免试会计基础、初级会计电算化（或者珠算五级）。

会计类专业包括会计学、会计电算化、注册会计师专门化、审计学、财务管理、理财学。

4. 会计从业资格证书管理

（1）上岗注册登记。持证人员从事会计工作，应当自从事会计工作之日起 90 日内，填写注册登记表，并持会计从业资格证书和所在单位出具的从事会计工作的证明，向单位所在地或所属部门、系统的会计从业资格管理机构办理注册登记。

（2）离岗备案。持证人员离开会计工作岗位超过 6 个月的，应当填写注册登记表，并持会计从业资格证书，向原注册登记的会计从业资格管理机构备案。

（3）调转登记。持证人员调转工作单位且继续从事会计工作的，应当按规定要求办理调转登记。

（4）变更登记。持证人员的学历或学位、会计专业技术职务资格等发生变更的，应向所属会计从业资格管理机构办理从业档案信息变更登记。

5. 会计人员继续教育

（1）会计人员继续教育的概念和特点。会计人员继续教育是指取得会计从业资格的人员持续接受一定形式的、有组织的理论知识、专业技能和职业道德的教育和培训活动，不断提高和保持其专业胜任能力和职业道德水平。

会计人员继续教育的特点：一是针对性，即针对不同对象确定不同的教育内容，采取不同的教育方式，解决实际问题；二是适应性，即联系实际工作需要，学以致用；三是灵活性，即继续教育培训内容、方法、形式等方面具有灵活性。

（2）会计人员继续教育的内容。会计人员继续教育的内容主要包括会计理论与实务；财务、会计法规制度；会计职业道德规范；其他相关的知识与法规。

（3）会计人员继续教育的形式和学时要求。会计人员继续教育的形式包括接受培训和自学两种。会计人员应当接受继续教育，每年参加继续教育的时间不得少于 24 小时。

6. 会计工作岗位设置

会计工作岗位是指一个单位会计机构内部根据业务分工而设置的职能岗位。会计工作岗位可以一人一岗、一人多岗或者一岗多人。但出纳人员不得兼管稽核、会计档案保管和收入、费用、债权债务账目的登记工作。

三、会计人员的工作交接

1. 交接的范围

会计人员调动工作、离职或者因病暂时不能工作，应与接管人员办理工作交接手续。

2. 交接的程序

一般会计人员办理交接手续，由单位的会计机构负责人、会计主管人员负责监交。会计机构负责人、会计主管人员办理交接手续时，由单位领导人负责监交，必要时，主管单位可以派人会同监交。

3. 交接人员的责任

移交人员对移交的会计凭证、会计账簿、会计报表和其他会计资料的合法性、真实性承担法律责任。会计资料移交后，如发现是在其经办会计工作期间内所发生的问题，由原移交人员负责。

参考文献

［1］方伟群. 酒店财务管理操作［M］. 北京：中国旅游出版社，2008.

［2］陈玉菁，李艳. 酒店会计实务直达车［M］. 上海：立信会计出版社，2009.

［3］蔡凤乔. 酒店会计实务［M］. 南昌：江西人民出版社，2009.

［4］刘敏祥，于刚. 旅游酒店财务会计［M］. 大连：东北财经大学出版社，1995.

［5］刘潭彬. 旅游企业会计核算［M］. 北京：北京大学出版社，2009.

［6］方伟群. 酒店财务管理操作实务［M］. 北京：中国旅游出版社，2008.

［7］赵英林，李梦娟. 酒店财务管理实务［M］. 广州：广东经济出版社，2006.

［8］李洪民. 酒店财务会计［M］. 北京：中国商业出版社，1994.

［9］陈国强，林源. 现代酒店财务会计［M］. 广州：中山大学出版社，1993.

［10］詹益政. 现代酒店经营［M］. 广州：南方日报出版社，2002.